国家社会科学基金青年项目

农村地权的稳定与流动

Tenure Security and Transaction of Land Property Rights in Rural China

伍振军等 著

上海遠東出版社

图书在版编目(CIP)数据

农村地权的稳定与流动/伍振军等著. —上海：上海远东出版社，2017
(中国经济论丛. 新农村建设专辑)
ISBN 978-7-5476-1268-2

Ⅰ. ①农… Ⅱ. ①伍… Ⅲ. ①农村—土地所有权—研究—中国
Ⅳ. ①F321.1

中国版本图书馆CIP数据核字(2017)第079118号

本书由上海文化发展基金会图书出版专项基金资助出版

农村地权的稳定与流动
伍振军 等著
责任编辑/程云琦 祁东城 封面设计/李廉

出版：上海世纪出版股份有限公司远东出版社
地址：中国上海市钦州南路81号
邮编：200235
网址：www.ydbook.com
发行：新华书店上海发行所 上海远东出版社
上海世纪出版股份有限公司发行中心
制版：南京前锦排版服务有限公司
印刷：上海市印刷二厂有限公司
装订：上海市印刷二厂有限公司

开本：710×1000 1/16 印张：10.75 插页：1 字数：192千字
2017年7月第1版 2017年7月第1次印刷

ISBN 978-7-5476-1268-2/F·601
定价：48.00元

前　言

国务院发展研究中心伍振军副研究员于2015年主持完成了国家社科基金青年项目“农村集体土地确权与流转问题研究”(项目号12CJY051)。课题最终成果，包括学术文章和政策研究报告等，大部分收录进此书。农村集体土地确权，是依照法律、政策，经过一系列规定程序，确认土地的所有权、使用权等的隶属关系和他项权利，是为了土地权属更加稳定；农村承包地经营权流转和集体建设用地使用权流转，是指这些权利的流动转移、交易出让，是为了提高土地资源配置效率，属于权属流动的范畴。为了让本书更加通俗易懂、贴近读者，最后命名为《农村地权的稳定与流动》。

农村集体土地确权与流转问题关系到全国63.2亿亩农村土地问题，涉及7亿多农村人口的土地财产问题，事关重大。尤其是2.6亿亩农村集体建设用地能否自由进入市场，成为促进经济发展的要素，将是我国经济长期高质量发展的关键。农村集体土地确权与流转问题是个重要的实践问题，具有很重要的现实意义。与此同时，我国在农村集体土地确权、土地承包经营权流转管理和服务、健全土地流转交易市场等方面进行了大量探索，但是土地确权是该“确虚权”还是“确实权”？交易费用在农地流转中起什么样的作用？各个主体行为特征如何？农户农地流转意愿和行为是什么样？集体建设用地使用权流转交易需要构建哪些法律法规体系进行支撑？集体建设用地使用权流转交易过程中，增值收益在农民、集体乃至地方政府之间如何分配？这些不仅是重大实践问题，也是关键理论问题，对这些理论进行研究，具备较高的学术价值。本书理论联系实际，着眼历史与现实，关注国外与国内，结合经济与社会，力求对新时期农村集体土地确权及流转问题作一些分析和探讨。

农村土地确权与流转问题，既是重要实践问题，又是重大理论问题。既需要构建宏观土地制度改革思路，又需要提出有针对性的对策建议。根据本书的特点，将书本内容大体分为三个部分，以便从不同角度、维度对土地权属确立和流动这一综合性问题进行研究。第一部分为农村集体土地确权及流转交易市场研究，这部分研究将对农村农用地和农村集体建设用地确权与流转的总体情况进行阐述；第二部分重点阐述农用地经营权流转交易问题；第三部分重点阐述农村集体建设用地使用权流转交易问题。

第一部分，关于农村土地确权问题。项目执行之初，课题组就认识到，农村集体土地要真正成为自由流动、促进经济增长的要素，就必须做好确权这个最为基础的工作。于是，课题组首先对农村集体土地确权问题进行调研，总结出农村土地确权工作面临的所有权主体变化大、工作费用高、经费不足等问题，特别是农用地承包经营权、乡村建设用地使用权确权纠纷很多等问题。以这些调查情况为基础，由伍振军执笔完成的《农村土地权属状况调查》发表于《改革内参》(2013.5)。基于调研，课题组提出保障土地确权工作经费、完善土地权证法律效力、出台指导意见加强政策支持和指导等政策建议。基于这些研究内容，由伍振军执笔完成的《农村土地确权进行时——老大难问题5年内怎求解》发表于《时事报告》(2013.4)。

根据研究计划，课题组对农村产权流转交易市场进行较为深入的分析，在分析了农地、林地、集体建设用地使用权等流转交易状况的基础上，课题组提出推进确权赋能、还原农村产权真实价值，扎实做好确权登记颁证工作、为农村产权流转交易奠定权证基础，进一步明确政府的主体责任，规范交易平台和交易系统，鼓励各种交易中介服务、为农村产权流转交易提供市场化服务体系，设立可靠的风险防范机制、为农村产权流转交易提供安全保障等切实可行的政策建议。

第二部分，关于农地流转问题。基于课题组成员前期积累的研究成果，课题组进一步分析了我国农地流转的基本状况和主要特征。在20世纪80年代中后期，农村土地流转就开始出现。随后，各地土地流转机构开始建立，进一步促进了土地流转。截至2014年6月底，全国农村承包耕地流转面积达3.8亿亩，占承包耕地总面积的28.8%，比2010年比例提高将近一倍。近年来全国承包耕地流转比例提高幅度逐年扩大，2016年年中我国土地流转比例进一步提高，已经占到三分之一左右。课题组进一步分析了我国农地流转的基本状况和主要特征：流转呈现规模逐步扩大、转包和出租为主要形式、股份合作开始兴起、地租成为土地成本的主要成分、农地流转市场逐步完善等特征。

文章同时也指出，我国在积累了丰富的实践经验的同时，也暴露了政府服务与管理能力薄弱，流转不规范、矛盾纠纷多、农民主体地位难保障、工商企业进入农村租地弊大于利等诸多问题和挑战，亟需加以研究、总结和指导。对于这些现象和问题，课题组进行了深入分析，有针对性地提出相应的政策建议：严格管理工商资本及外资进入农村、严格实施土地流转管理审核制度、完善土地流转过程中的配套制度、通过互换并地解决土地细碎化问题、探索建立承包地有偿退出机制、严格执行耕地保护制度等。根据这些内容形成的文章《土地流转的现状与机遇》发表在《时事报告》(2014.2)上。

结合项目前期研究，本书将关于我国土地承包经营权流转模式、参与各方的行为动机分析、交易费用及政府行为研究也纳入进来。在前期研究中，将我国土地承包经营权流转划分为四种模式，并分析在四种不同模式中土地流转市场特征和参与主体行为，针对土地流转中出现的问题，提出有用的政策建议。基于土地承包经营权流转特征和模式的分析，本书深入分析参与各方的行为动机，并有针对性地提出规范农地流转、确立农民主体地位、保障农民土地承包经营权益的政策建议。进一步，本书收纳了交易费用与政府行为的分析内容，比较了不同模式中的政府主体行为，及其与农户、用地主体交易费用的关系，提出政府主体行为对农户、用地主体交易费用有直接影响的观点，并在文章最后提出降低农户与用地主体交易费用的建议措施。这些研究，陆续发表在《改革》《中国软科学》等权威杂志上，不仅为完成作者主持的国家社科青年基金课题奠定坚实基础，也对本书起到很好的补充与完善作用。

第三部分，关于集体建设用地使用权流转问题。在研究集体建设用地使用权流转的时候，课题组把农村集体建设用地分为农民宅基地和集体经营性建设用地两个部分进行研究。在分析经营性建设用地使用权流转问题时，课题组对当前学术界的争论进行了总结，探讨了部分省市的实践及其中隐含的土地范畴扩大化、农民收益难保障、不符合规划和用途管制等诸多风险。课题组提出，推进集体经营性建设用地入市，应明确集体经营性建设用地的内涵、范畴及权能；完善价格形成机制，建设农村集体经营性建设用地有形、无形市场；完善土地收益分配机制，明确收益使用范围；保障农民决策权和知情权；明晰政府规划、管理、监督、服务等职能。以这些内容为基础的文章《农村集体经营性建设用地的政策演进与学术论争》，发表在《改革》(2014.2)上。

在农村集体建设用地使用权流转案例研究过程中，课题组对北京市、江苏省、上海市等地区集体建设用地使用权流转状况进行调查分析。课题组成员执笔完成的调研报告《集体建设用地发展公租房的探索——北京市的调查与启示》，发表在《国务院发展研究中心调查研究报告》(2013.3)上。北京市委研究室就“农村集体建设用地发展公租房”问题召集了北京市国土、规划、住建等相关部门，进行专题座谈，并开展深入调研。2014 年，北京市相关部门印发了《北京市利用农村集体土地建设租赁住房试点实施意见》，完善了农村集体建设用地利用机制、拓宽了租赁住房建设渠道。2015 年 8 月，课题组对海鹊落村利用集体建设用地发展公租房的进展再次进行调研，发现北京市利用集体建设用地发展租赁房①的探索值得肯定和推广。

在后续研究中，课题组还对北京市农村集体建设用地资产价值进行估算。

① 这里根据《北京市利用农村集体土地建设租赁住房试点实施意见的通知》，将“集体建设用地发展公租房”改变为“集体建设用地发展租赁住房”。

参照国有土地价格，北京市农村集体经营性建设用地和农村宅基地价值合计高达 8.2 万亿元，农村集体建设用地均价高达 466.9 万元/亩。而若按照年均收益计算，北京市农村集体建设用地总价值仅有 2 816.8 亿元[①]，价值只有前者的 3.4%。其中集体经营性建设用地总价值仅有 1 658.9 亿元，亩均价值仅有 20.4万元；农村宅基地总价值仅有 1 157.9 亿元，亩均价值仅有 12.3 万元。可见，集体建设用地权能残缺，与国有建设用地价值相差悬殊。贯彻落实党中央文件多次提出的城乡建设用地“同地同权同价”要求，可以在深化土地制度改革，完善农村集体建设用地权能方面进行探索，不断提升农村集体土地价值，让农民分享改革红利。这些报告内容发表在《国务院发展研究中心经济形势分析月报》上。

这些研究引起较好反响，体现了项目研究成果较高的学术及应用价值。之后，课题组结合前期研究，对江苏、广东等地区集体建设用地使用权流转典型案例进行调研，总结出有益经验和值得汲取的教训。同时，也对浙江等地区的宅基地使用权置换进行调查，探讨了地方政府、农民在宅基地置换中的目标、行为，进一步指出了地方政府在宅基地置换过程中的行为界线。

本书提出，深入推进农村集体建设用地制度改革，就是要把最为重要的处分权，即抵押权与担保权权能赋予集体建设用地。贯彻落实十八届三中全会《决定》精神，必须以改革的勇气，以农民需求为导向，明确集体建设用地的用益物权特性，在原有的占有、使用、收益权能基础上，赋予集体建设用地处分权，尤其是抵押权、担保权，作价出资等权能，并以法律的形式确立下来。在此基础上，从国家层面出台相关法律法规，进一步规范农村集体建设用地使用权流转，从而切实保障农民土地权益、促进农业经济发展、维护农村社会稳定。

最后，考虑到农村每年超过万亿元的资金外流，本书还收纳了关于农村土地金融的内容。本书认为，农村集体建设用地以及农用地资产估值接近 90 万亿元，发展农村土地金融是解决农业、农村发展所亟需资金的可行途径。并且，将最新的“两权”抵押贷款工作进展纳入本书，以问题为导向，探讨发展农村土地金融的合理路径。

---

① 不包括 2013 年北京市 194.2 万亩农村未利用地的价值。

目 录

第一章 为什么要研究农村集体土地确权和流转问题

农村集体土地确权与流转问题关系到全国63.2亿亩农村土地问题。涉及7.3亿农村人口的土地财产问题,事关重大。在分析这个问题之前,我们首先要明确农村集体土地主要包括三个方面。第一部分是农用地。据农业部统计,农村集体所有农用地60.6亿亩,农地之中包括耕地13.8亿亩、园地1.2亿亩、林地18.4亿亩、草地22.9亿亩、养殖水面0.8亿亩、其他3.5亿亩。第二部分是集体建设用地,我国共有农村集体建设用地2.6亿亩左右,经营性建设用地约0.5亿亩,剩余的2.1亿亩农村集体建设用地大部分为农民宅基地。第三部分是农村未统计的未利用地。

农村集体土地要真正成为自由流动、促进经济增长的要素,就必须做好确权这个最为基础的工作。那么,农民对集体建设用地的权利主要有哪些?先看农用地。十八届三中全会《决定》提出赋予农民对农村承包地的占有、使用、收益、流转和承包经营权抵押、担保权能。再看集体建设用地。先看农民宅基地,《物权法》及相关中央文件已明确农民宅基地为用益物权,但是,迄今为止,一直没有对宅基地用益物权的权利内涵和实现形式进行详细的界定。目前对于宅基地,农民只有使用权及有限的收益权和转让权。而处分权、抵押权、担保权,甚至是继承权尚未赋予农民宅基地。再看农村集体经营性建设用地,十八届三中全会《决定》也指出,在符合规划和用途管制两大前提下,允许农村集体经营性建设用地的出让、租赁、入股,力求实现与国有土地同等入市、同权同价。可以理解为,除了所有权,其他权利都赋予了集体建设用地。《决议》中经营性建设用地权能的拓展,不仅明确了土地的权属,也保障了农民权益。

2013年的中央1号文件明确提出,要在全国全面开展农村土地确权登记颁证这项工作,就是要解决土地确权这个"老人难"问题。据调研,当前推进土地确权工作还面临所有权主体变化大、工作费用高、经费不足等问题,特别是农用地承包经营权、乡村建设用地使用权确权纠纷很多等问题。要按期保质完成中央提出的农村土地确权工作要求，推进土地确权工作，还需要保障土地确权工作经费、完善土地权证法律效力、出台指导意见加强政策支持和指导。

确权工作做好后，就是推动农村集体土地流转问题。从分类看，农村集体土地流转主要分为农地流转和建设用地使用权流转两个部分。在当前全面深化农村改革中，促进农村土地产权流转交易事关赋予农民更多财产权利这一改革目标的实现，对于农村资产保值增值、为农村产权交易提供制度保障以及防止村干部腐败等具有重要意义。促进土地产权交易，关键在于促进农村产权流转交易市场健康发展。近几年，全国各地涌现了一大批综合性农村产权交易市场，在促进农村产权流动、提高农村要素配置效率等方面，发挥了一定作用，但还需要推进确权赋能，还原农村产权真实价值，扎实做好确权登记颁证工作、为农村产权流转交易奠定权证基础，进一步明确政府的主体责任，统筹利用现有的各类交易市场来组建综合性交易市场，规范交易平台和交易系统，鼓励各种交易中介服务，为农村产权流转交易提供市场化服务体系，设立可靠的风险防范机制，为农村产权流转交易提供安全保障等，以尽快建立起类型多样、功能完整、运转高效的农村产权市场体系。

先看农用地流转交易。主要是集体土地承包农户依法采取转包、出租、互换、转让及入股等方式流转承包地使用权。这种流转交易与我们通常理解的买卖有所不同，不同点就是农用地所有权仍然是集体的，承包权仍然是承包农户的，流转的只是经营权。为什么要推动农地流转？关键原因是我国农地过于碎片化和平均化，这种情况下根本不可能实现农业现代化。尽管近几年，我国人地关系稍微有所松动，自 2003 年起，人地比例逐年上升，从约 2 亩/人上升至 2009 年的 2.3 亩/人左右，但农村人口对土地压力格局仍然没有根本改变（刘守英，伍振军，2013）。目前我国农户平均经营规模仅仅是邻国韩国和日本的 1/3、欧盟的 1/40 以及美国的 1/400。美国玉米种植以家庭农场为主，每个农场面积 3 000～6 000 亩，我国东北地区户均玉米种植为 20～30 亩，其他地区仅为 3～5 亩。如此低的人均、劳均土地资源，若不推进规模经营，就会令农户家庭产值和农民收入很低，就解决不了“谁来种地”问题，就难以实现农业现代化。基于此，十八届三中全会《决定》指出要加快构建新型农业经营体系。而创新农业经营体系，培育新的农业经营主体，就必须推进土地要素的流动与重新组合，而要使农民流转承包地的经营权，就必须切实保障农户承包土地的合法权利。

对于这些个问题，课题组进行了深入分析。首先，课题组观察到了交易费用以及政府支持对土地流转的作用，研究了交易费用及政府行为在不同的土地流转模式中的作用。课题组利用交易过程分析方法，将我国土地承包经营权流转概括为四种主要模式，并对其流转过程、主要特征进行分析。结论是政府主体行为对农户、用地主体的交易费用有直接影响。文章最后提出促进农村产权流转交易市场健康发展,健全集体参与流转交易机制,建立矛盾纠纷解决机制,课题组有针对性地提出相应的政策建议。严格管理工商资本及外资进入农村,严格实施土地流转管理审核制度,完善土地流转过程中的配套制度,通过互换并地解决土地细碎化问题,探索建立承包地有偿退出机制,严格执行耕地保护制度等有针对性的建议措施。

再看集体建设用地使用权流转交易。集体建设用地所有权仍属于集体所有,流转交易的只是使用权。当前我国经济转型的一个关键问题,就是我国2.6亿亩农村集体建设用地能否成为促进经济发展的要素。从我国过去三十年经济发展来看,农村土地实际上扮演了两个重要角色。一是提供土地要素。在过去的三十多年里,大量农村土地被征用,为经济增长发挥蓄水池作用。具体表现在两个方面:第一,大量的土地资源供应,自 1983 年起每年的征地规模都在 110 万亩以上,并呈递增趋势,大量的农村用地被征用作建设用地,土地从农村释放出来,推动经济增长;第二,低廉的土地成本,部分地方政府为了招商引资,不惜牺牲农民的利益,甚至零地价。二是提供资金。经济发展需要大量的资金支持,土地为我国的经济建设提供资金主要有以下来源:高额的土地出让收入,2013 年国有土地出让收入高达 41 250 亿,同比增长 44.6%,土地收入在地方政府财政中占了较大比例,部分地方土地出让收入占当年地方财政收入的 60%,为地方经济发展提供了强有力的资金支持;土地抵押融资,大量的土地抵押为政府注入了充裕的资金。

但是这种"土地宽供应"在下一轮经济发展中是不可持续的。原因有二:一是土地出让成本日渐上升,二是土地资源有限。下一轮经济发展只有寄希望于将这些建设用地确权,进入市场,参与交易,变成自由流动的经济要素。

我国现在农村集体建设用地包括农民宅基地和经营性建设用地,估算为 2.6 亿亩,要成为自由流动的经济要素的关键,就必须拥有完整的权能。根据《土地管理法》规定,农村集体建设用地用途只有兴办乡镇企业、建设乡村公共设施、公益事业以及建设农民住宅等四种。用途有限,堵死了农民使用集体建设用地的合法通道,实际上剥夺了农民依靠土地发展的权利。近几年,农村集体经营性建设用地收益权、处分权权能逐步落实。2008 年十七届三中全会提出建立城乡统一建设用地市场的目标,以实现集体土地和国有土地的"三同":同地、同价及同权。十八届三中全会《决定》提出符合规划和用途管制前提下,集体经营性建设用地与国有土地"同权与同价"。集体经营性建设用地的权能也逐步扩大,从占有、使用、收益权等三种权利,逐步拓展到占有、使用、收益、处分权利四种完整权利。

推进农村集体建设用地制度改革，就是要把最为重要的处分权，即抵押权与担保权权能赋予集体建设用地。贯彻落实十八届三中全会《决定》精神中，必须以改革的勇气，以农民需求为导向，明确集体建设用地的用益物权特性，在原有的占有、使用、收益权能基础上，赋予集体建设用地处分权，尤其是抵押权、担保权，作价出资等权能，并以法律的形式确立下来。在此基础上，从国家层面出台相关法律法规，进一步规范农村集体建设用地使用权流转，从而切实保障农民土地权益，促进农业经济发展，维护农村社会稳定。

第二章 农村集体土地确权和流转问题研究回顾

农村集体土地确权事关重大，涉及 63.2 亿亩的农村集体土地和 7.3 亿的农村人口，而土地是老百姓的命根子，土地不确权，农民就不踏实，因此土地确权问题亟待解决，以便为农地流转奠定良好的基础，实现农村土地制度的改革，推进传统农业向现代农业的转型，更好地保障农民的权益。

一、国内外研究现状

（一）关于农村集体土地确权的研究

国内外不少学者对我国农村集体土地产权的性质、内涵和权能进行了全面、系统和深入的研究（Yao，2000；张五常，2002；等）。大部分学者认为，我国农村集体土地普遍存在着主体不清、权属不明问题，导致农民的土地权利得不到保障，集体土地配置效率低下等（黄祖辉等，2002；杨明洪等，2004；等）。部分学者提出，要重新界定农村集体土地的产权主体，做好确权登记发证工作，赋予农民更加充分而有保障的土地权利（刘守英，2000；叶剑平等，2006；等）。

（二）关于农村土地承包经营权流转的研究

流转基本情况方面，不少学者进行了大量的调查和研究，并总结出了当前我国土地承包经营权流转的总体特征（韩俊，2008；孔祥智等，2010）。影响流转的因素方面，国内外研究集中于探讨劳动力市场发育、剩余劳动力转移、农产品相对价格、农户家庭禀赋等对流转的影响（姚洋，2000；Andrew J. P. & Douglas J. M.，2001；张照新，2002；钱忠好，2003；喻瑶，2009；孔祥智，伍振军，2011）。流转对经济社会影响方面，主要探讨土地流转与现代农业发展、土地集约化经营的关系，及对农民生活保障、“非农化”、粮食安全的影响(黄祖辉等，2008；俞海，黄季焜等，2003；Samuel P. S. H. & George C. S. L.，2003；尹成杰，2008)。流转市场建设方面，学者们普遍认同建立健全土地流转市场，并强调规范的土地流转合同的作用(Klaus D，2003；扈红英等，2008)。流转主体行为方面，国内外学者主要对参与土地流转的主体的成本、收益进行分析(Hanan G. J.，Guo L.，Scott R.，2002；马晓河等，2002；田传浩等，2004；刘克春等，2008；王俊沣，张云华，2011)。流转模式方面，国内学者主要从农户、用地主体交易费用等方面进行分析(孔祥智，2010；伍振军，张云华，2011)。

(三) 关于集体建设用地使用权流转的研究

集体建设用地使用权流转的模式和制度设计方面，国内理论界普遍认为法律限制和政策模糊是当前集体建设用地管理制度改革的最大障碍，提出集体土地与国有土地“同地、同价、同权”，积极培育和发展农村集体建设用地流转市场(周其仁，2002；韩俊，2003；蒋省三等，2007；高圣平，2007；马凯，钱忠好，2009)。此外，部分学者还从主体和机制等方面对集体建设用地使用权流转的收益分配进行了探讨(王小映，2002；田中文，2007；杨继瑞等，2009；杨雅婷、文枫等，2011)。

(四) 关于宅基地使用权流转的研究

国内不少学者对农村宅基地使用权流转的市场化交易机制和增值收益分享机制进行了研究，认为要建立宅基地使用权的财产化实现机制，探索建立宅基地使用权的交易市场和交易机制，同时在农民、集体和国家之间建立合理的收益分配机制(张秀智等，2009；张云华，伍振军，2009；韩俊，2009；蔡玉胜等，2010)。宅基地开发与小产权房问题方面，大部分学者均支持小产权房入市交易(乔新生，2007；黎孔清等，2010；龙翼飞等，2010)，并提出要完善相关法律法规，建立城乡平等的土地利用关系(蔡继明等，2009；江奇，2009；袁林林，2009)。

二、简要评述

国内外对于农村集体土地确权与流转的研究取得了丰富成果，同时存在以下不足：一是对于我国农村集体建设用地在赋权、完善权能等方面面临的法律、法规困境及农民权益保障问题的根源研究较少；二是研究我国土地承包经营权流转的模式和特征、农户流转行为与流转价格和流转数量的关系以及农地流转与适度规模经营的关系等方面文献很少;三是研究我国集体建设用地使用权界定、流转方式、使用范围和收益分配等方面的文献很少,对集体建设用地使用权流转的主要模式及其绩效评价的研究也不多;四是较少有文献研究了农村宅基地退出机制、增值收益分配机制等。本研究则力求在这些方面取得一些突破。

三、研究的学术和应用价值

近年来,我国在农村集体土地确权、土地承包经营权流转管理和服务、健全土地流转市场等方面取得了很大的成就,不少地方开始了集体建设用地和宅基地使用权流转的探索试验。这些政策和做法有力地推进了农村集体土地确权与流转工作,积累了丰富的实践经验,也暴露了诸多问题和挑战,亟需加以研究、总结和指导。当前和今后较长时期内,农村集体土地确权与流转是我国农村土地制度改革发展的两个重要方面,因此,研究土地确权方面的法律困境、切实保障农民土地权益,研究农地流转与适度规模经营的关系、解决“谁来种地、怎么种地”问题,探索建设城乡统一土地市场路径、促进集体建设用地使用权流转,探索农村宅基地退出机制、建立合理的增值收益分配机制等,具有重要的现实意义和理论价值。

第三章
农村土地确权面临的问题及对策①

我国农村集体土地确权工作涉及全国 60.6 亿亩农村集体所有农用地、2.6 亿亩乡村建设用地,涉及 7.3 亿农村人口的土地财产问题。历时三十余年,当前进一步推进土地确权工作还面临所有权主体变化大、工作费用高、经费不足等问题,特别是农用地承包经营权、乡村建设用地使用权确权纠纷很多等诸多难题。然而农村集体土地要真正成为自由流动、促进经济增长的要素,就必须做好确权这个最为基础的工作。为切实做好农村土地确权登记颁证工作,中共十七届三中全会《中共中央关于推进农村改革发展若干重大问题的决定》明确指出"搞好农村土地确权、登记、颁证工作"。2013 年中央 1 号文件要求全面开展农村土地确权登记颁证工作,就是要着重解决这个"老大难"问题。因此,要按期保质完成中央提出的农村土地确权工作要求,推进土地确权工作,还需要保障土地确权工作经费、完善土地权证法律效力、出台指导意见加强政策支持和指导。

一、农村土地确权事关重大

(一)涉及全国农村集体所有土地达 63.2 亿亩

农村土地确权涉及农村集体所有农用地 60.6 亿亩、乡村建设用地 2.6 亿亩。农地之中包括耕地 13.8 亿亩、园地 1.2 亿亩、林地 18.4 亿亩、草地 22.9 亿亩、养殖水面 0.8 亿亩、其他 3.5 亿亩。据农业部统计,2011 年农用地中实

① 作者:伍振军,本章成稿时间为 2013 年,本章大部分内容以《农村土地确权进行时——老大难问题 5 年内怎求解》为题,发表在《时事报告》2013 年第 4 期上。

行家庭承包经营的只有 38.5 亿亩，尚有 22.1 亿亩，占 36.5%的农用地没有“包产到户”。在 13.8 亿亩集体所有耕地中，归村所有的 5.2 亿亩，占 37.9%；归组所有的面积 7 亿亩，占 50.5%；尚有 1.6 亿亩，占 11.6%的耕地未明确所有权主体。这么多的土地主体不明、权属不清，自然是个大问题。

（二）涉及全国多达 7.3 亿人农村人口

据农业部 2011 年统计数据，我国农村户籍人口约 9.5 亿。据课题组匡算，无地、失地人口约为 2.2 亿。可见约有 7.3 亿农村人口拥有土地权益。无地人口主要来自三个方面。一是因征地失去或减少土地的农村人口约 5 300 万。国务院发展研究中心课题组研究数据表明，1987 年到 2001 年，中国非农建设占用耕地 3 394.6 万亩，其中 70%以上是征地，约有 3 400 万农民因征地失去或减少了土地，年均 242.9 万人失去或减少土地。据农业部统计，2011 年农户因征地失去承包耕地 296.6 万亩，若按照 2001—2011 年农村人均耕地 1.45 亩计算[①]，全国因征地失去或减少耕地的农村人口就多达 204.2 万人。按照 2002 年至 2010 年间，年均失地人口 223.6 万人[②]推算，8 年间失地人口达到 1 788.4 万人。据此估计，我国 1987—2011 年共征占农民土地超过 5 200 万亩，失去或减少土地的农村人口高达 5 300 万。综合分析各地经济增长和城镇化发展目标，未来 10 年，保守估计全国新增建设用地需求在 3 000 万亩以上，失去土地的农村人口还将大幅度增加。

二是实施“增人不增地、减人不减地”政策产生的无地人口约有 1.56 亿。据刘守英等(2012)对贵州省湄潭县实施 25 年“增人不增地、减人不减地”政策的调查，实行“增人不增地、减人不减地”后，该县新增的 12 万人口(1987 至 2010 年)就没有再分到土地，到 2010 年，该县无地人口占总人口比例高达 25%。我国农村在 1998—1999 年左右开始二轮延包，而 1998—2012 年，我国新增人口约为 2.2 亿人，按照农村人口占比 70.9%计算(按照农村人口 9.5 亿，全国人口 13.4 亿计算)，如果这一全国性政策得到完全实施，就约有 1.56 亿农村人口成为无地人口。

三是实施计划生育政策产生的无地人口约为 1 300 万。根据全国第六次人口普查数据，我国无户籍人员大约 1 300 万人，绝大多数为超生人员。这些计划外超生人口因为违反了“计划生育”政策，未能分得土地，成为了无地农民。据此估计，严格执行计划生育政策产生的无地人口约为 1 300 万人。不过由于

① 按照农村集体所有耕地 13.8 亿亩，农村人口 9.5 亿人计算。

② 按照 2001 年的 242.9 万与 2011 年 204.2 万人的平均值计算。

罚款等措施，让一部分超生人口分到土地，实际的无地人口数应该略小。

可见，农村土地确权关系到7.3亿农村人口的土地财产问题，事关重大。

二、农村土地确权历程与进展

（一）农村集体土地确权历程

农村土地确权这个工作已经进行了近30年，至今尚未完成。20世纪80年代末，国土部门就开展农村集体土地确权登记发证工作。到90年代初，国家为减轻农民负担，取消了登记收费，这项工作因经费不足而停滞下来。直到2001年底，国土资源部下发了《关于依法加快集体土地所有权登记发证工作的通知》和《集体土地所有权调查技术规定》，农村土地确权工作才得以继续推进。近几年，确权工作加快推进。2008年《中共中央关于推进农村改革发展若干重大问题的决定》提出："搞好农村土地确权、登记、颁证工作。"2010年中央1号文件要求"扩大农村土地承包经营权登记试点范围，保障必要的工作经费"。并提出"力争用3年时间把农村集体土地所有权证确认到每个具有所有权的农民集体经济组织。"随后国土、农业等部门出台相应政策，各个工作相关部委、部分省（区、市）政府成立领导小组，逐步落实经费，加快推进农地确权（伍振军，2013）。2013年中央1号文件明确要求用5年时间基本完成农村土地承包经营权确权登记颁证工作，妥善解决农户承包地块面积不准、四至不清等问题。而对于农村集体建设用地，则是要求加快农村集体土地所有权和使用权地籍调查，尽快完成确权登记颁证工作。2014年中央一号文件提出"充分依靠农民群众自主协商解决工作中遇到的矛盾和问题，可以确权确地，也可以确权确股不确地"。2015年中央一号文件进一步提出"扩大整省推进试点范围，总体上要确地到户，从严掌握确权确股不确地的范围"。

（二）农村集体土地确权进展

自2008年《中共中央关于推进农村改革发展若干重大问题的决定》颁布以来，我国农村集体土地确权登记发证工作取得积极进展。根据国土资源部统计数据，截至2012年10月，全国农村集体土地的确权颁证覆盖率已达86%，其中广西、天津、海南、安徽等地的确权颁证覆盖率已超95%。截至2012年底，全国农村集体土地所有权累计确权登记发证约620万宗，发证率达到94.7%。而宅基地和集体建设用地确权登记发证工作，累计发证宗地数约2.6亿宗，是所有权发证宗地数40多倍。截至2013年5月底,全国农村集体土地所有权登记发证率为97%,其中有24个省份的发证率在95%以上,6个省份在90%至95%之间。绝大多数地区已进入成果检查验收和阶段性总结阶段。近几年来,土地承包经营权保障程度不断提高。据农业部统计,截至2011年,实施家庭承包经营的耕地面积为12.8亿亩,约占集体所有耕地13.8亿亩的92.8%;签订家庭承包合同的2.22亿户,约占家庭承包经营的农户数量2.29亿户的96.9%;颁发了土地承包经营权证份数为2.08亿户,若一份合同对应一份权证,约有93.7%的农户拿到证书。

2014年3月,中央在山东省济宁市召开了全国农村土地确权登记专题工作会议,各地试点工作进入新阶段。2014年,在前期试点的基础上,选择山东、四川、安徽3个省和其他省区市的27个县进行了整体试点,不少地方还结合实际扩大了试点范围。据农业部统计,截至2014年底,全国1 988个县(市、区)开展了试点工作,涉及1.3万个乡镇、19.5万个村,试点覆盖面积3.3亿亩。截至2015年10月,已有12个省开展整省推进试点,2 160个县开展了整县推进试点。截至2015年6月底,全国已完成实测承包地面积3.5亿亩,确权面积2.6亿亩。截至2016年3月底,全国2 434个县(市、区)、2.6万个乡镇、43.8万个行政村开展了试点,已完成实测承包地8亿多亩,确权面积5.6亿亩。但是,由于各种原因,土地权证面积对不上、土地“四至”不清楚、有些地区权证没有落实到农户等各种问题仍然存在。

三、农村土地确权面临的几个难题

(一) 所有权主体变化大

我国农村制度改革后,尽管将农地使用权下放到了农户,但是,“三级所有、队为基础”的架构一直保留。改革以来,拆村并组势头加快,行政村、村民小组等所有权主体数量大幅度下降。一是行政村数量锐减。根据中国统计年鉴的数据,1985年全国行政村数量为94.9万个,到1997年减少为73.9万个,再到2004年又减少到62.5万个,截至2012年全国行政村已减少到61.2万个。在不到30年的时间里,全国行政村数量减少了33.7万个,减少了35.5%。二是村民小组数量大幅缩减。根据相关统计数据,1997年全国农村村民小组535.8万个,到2004年减少为507.9万个,到了2012年进一步减少到497.2万个。15年的时间里,村民小组减少了38.6万个,减少了7.2%。村与村之间、组与组之间的人口规模不同、土地数量各异，对应的权利和利益也不一样，而拆村并组意味着其土地所有权边界的改变，大量纠纷因此而起。

（二）费用很高，工作量大

一方面，从农业部土地确权登记试点情况看，要解决承包地面积不准、四至不清、空间位置不明、登记簿不健全等问题，每亩确权登记费用要20～40元，每县需要登记费用约3 000万元。按照全国2 013个县①计算，约要600亿元。2011年农业部、财政部、国土资源部、中农办、国务院法制办、国务院档案局《关于开展农村土地承包经营权登记试点工作的意见》、2014年中央1号文件指出，开展确权登记颁证工作要按照国家、省、市、县分级负担的原则，确权登记颁证工作经费纳入地方财政预算，中央财政给予补助。而2012年中央财政只下达了3 000万元的补助工作经费，平均到50个试点县也就60万元。截至2012年9月底，省级财政落实配套经费不到10个省，市州级财政落实配套经费的基本没有，50个试点地区中除了海南三亚、陕西高陵、浙江温岭等地区解决了经费之外，多数试点地区经费不足。没有落实配套经费，地方处于“没钱干”的境地。

另一方面，确权登记工作量较大。农村集体土地确权和登记发证工作程序包括准备工作、登记申请、权属调查、地籍测量、权属审核、公告、注册登记、颁发证书、成果资料整理归档、建立地籍信息系统等。经管部门是试点工作的主力，承担业务指导、政策咨询、矛盾调处、建立档案等任务。面对千家万户，就需要一大批工作人员和专门工作机构来运作，农村这方面的机构和人员非常欠缺。

（三）纠纷很多

据农业部统计，2011年全国受理土地承包纠纷1.4万件。据课题组对黑龙江省绥化市的调查，该市农村集体土地确权分两步走：先把土地所有权确权给村或村民小组，再把乡村建设用地使用权、农用地承包经营权确权给农户。目前，该市农村土地所有权确权基本完成，处理纠纷170宗，下一步乡村建设用地使用权、土地承包经营权确权纠纷会更多，预计在1 000宗以上。

从全国情况看，有些纠纷是未进行二轮延包或手续不全引发，而据叶剑平等2011年对中国17个省的调查，仅有67%的被访者表示其村已经进行“二轮承包”。山东烟台招远市毕郭镇某村在1999年一轮承包到期之后，没有正式履行二轮延包手续，没签合同没发证。随着农业税取消，农业补贴等政策出台，越

---

① 包括县级市、旗等，不包括市辖区。

来越多的村民要求重新承包农地，但是部分承包了土地的村民则反对重新承包。2011 年，在毕郭镇政府的支持下，该村以当时户口在村的人口重新分地，除 1999 年已经完成二轮延包的 400 余亩洼地以外，按现在户口在村人口分剩余的 860 亩地，每人分得 1.4 亩，引起较大冲突。

有些纠纷是一轮承包权属与二轮承包不一致引发。安徽省肥东县某村村民程某，一轮土地承包时承包了 11.8 亩土地，后因父母离异，无能力耕种，一轮承包期内就将承包地给另外五户耕种。二轮土地延包时，这些土地由发包方又发包给上述五户，并于 1999 年同此五户签发了《耕地承包经营合同书》和《土地承包经营权证》。但是在 2010 年，程某要求收回 11.8 亩全部土地，引发纠纷。又如肥东县牌坊乡牌坊村村民程某龙，户主原为程某龙父亲（已去世），该户一轮土地承包时在村民组承包了 3.6 亩土地。后因程某龙父母外出打工，放弃耕种，村委会在一轮土地承包期内就将承包地给另外三户耕种。2004 年，部分土地由村委会分别发包给上述 3 人，并同他们签订了《耕地承包经营合同书》，同时由县政府颁发了《土地承包经营权证》。但在 2010 年，程某龙要求收回这些土地，引发纠纷。

（四）政策性矛盾突出

在确权登记过程中一些深层次矛盾开始突显。如，土地二轮承包后，中央明确承包土地 30 年不变，1996 年以后出生的人口基本没有分到承包地，确权中不少农民要求重新分承包地。再如外嫁女、娶媳妇、分家等因素，造成有地无证、有证无地、一地多证、一证多地的情况，不少农民要求重新调整承包地。还有一些农户为了经营、耕种方便，经过协商，自行串换承包地块，给这次确权工作也带来一定的困难。此外，由于土地整治、土地承包以及土地流转后实行规模经营致使原有“四至”界限变动或者消失，少数农民仍要自己原来的承包地，造成新的矛盾需要协调解决。还有些历史原因造成的土地承包权属问题，因二轮承包时期没有得到解决，直接影响了土地确权登记工作的进行。

（五）农民对土地确权积极性不高

农村居民有的因文化素质低，对确权一事并不理解，不清楚确权的目的和意义，不能判定土地确权后对自己的利益有什么样的具体影响，加之当地乡（镇）政府、村委会对相关法律法规、政策宣传不够，农民对相关法律法规及政策缺乏认知，对土地确权的重要性认识不够。因此，农民出于对自我利益保护的本能，对确权一事的第一反应是担心已有权益是否会受到损害，因而在不确定土地确权对自己是否有利的情况下，对确权工作不关心、不积极参与，不能够很好地配合工作人员完成土地确权工作，拖延了工作的进程，给土地确权工作增加了阻碍。此外，由于农村土地确权工作并不能带来显著的经济效益，反而意味着很多繁琐的解释和开导工作，实践中一些地方领导和基层干部推动土地确权工作的积极性也不高。

（六）农村土地确权人员专业素质不高

农村土地确权工作是一项专业性、政策性、技术性强的工作，整个过程需要相关工作人员具备良好的专业知识和业务素质。而在实际的农村集体土地确权工作中，各级国土资源部门以及县、乡（镇）、村相关政府部门等进行土地确权登记配合的工作人员专业素质不高、业务水平不够，在确权工作过程中面对专业的问题无法及时解决，不能很好地跟农民进行沟通，甚至不了解确权登记的过程，在登记过程中屡现错登、漏记等问题，不能很好地配合完成农村集体土地确权登记及证书发放的任务，使得确权工作进行得被动缓慢。

（七）土地确权颁证工作配套改革措施不完善

一是土地承包经营权的财产性功能尚未完全体现。随着土地承包权确权发证，就应当强化承包权的物权功能。二是农村土地流转、产权交易中心等服务体系建设还不健全，影响了土地承包经营权证书的使用价值以及确权颁证工作的实际效果。三是有关政策不明确，主要是多出的土地面积如何登记的问题尚未有明确的政策界定。另外，由于土地确权后，实际面积大于二轮承包地面积，有些农民要求确权给他，同时要求国家按实际面积发给补贴。对于已流转出去的土地，要求承租土地流转的大户，按多出的面积补给承包费，从而又引发了是否调整承包合同的法律问题。

四、对策建议

（一）保障土地确权工作经费

据匡算，全国2 000多个县确权登记颁证费用预计要600亿元，数目很大，要抓紧落实工作经费，解决土地确权登记发证“没钱干”问题，为按期保质完成土地确权工作提供资金保障。首先，这个费用中央财政承担多少、地方财政承担多少，应该予以明确。其次，明确要求各级地方政府将土地确权工作经费纳入财政预算，制定土地确权登记发证专项经费预算方案，推动土地确权工作。

第三，确保土地确权专项工作经费安全、合理、高效使用。

（二）完善土地权证法律效力

农村土地确权的成果——土地所有权证、土地承包经营权证等应发挥应有的法律效力。要健全农村土地确权登记法律制度，保障农民集体土地财产权，盘活农村集体建设用地，保障农户的土地承包权、土地经营权权利。明确土地承包权为田底权①，保障农户的使用、收益、转让、处置和抵押等权利；明确土地经营权为田面权②，保障农户的使用权、收益权、以土地收益和土地上的投资作为抵押物获得信贷等权利，解决土地权证"没有用"问题。

（三）出台《农村土地确权工作指导意见》

针对土地确权实际操作中出现的问题，包括实测之后承包地面积增减处理，土地纠纷处理，共有承包经营权处理，特殊群体登记，机动地、新开荒地、复垦土地、自留地等登记，已改变用途耕地的登记等问题，认真开展研究，结合各级各部门在试点工作中取得的经验，出台相应的指导意见，解决实际操作过程中出现的问题。

（四）抓好宣传，提高地方政府与农民的积极性

要采取多种形式，生动形象地开展宣传活动，进一步推动各级地方党委政府对这一问题的重视；引导和营造稳步推进土地确权登记颁证工作的良好氛围和工作环境。根据当地实际，通过向农民发放一封信、编印明白纸、宣传册、政策问答等，解读政策、澄清疑惑，方便群众掌握。在宣传上把确权和征地、补偿联系起来，并在土地权利证书上，把农民到底有多少权利说清楚，让农民知道拿了这个本到底有什么用；要把土地证的作用发挥起来，维护农民土地权利、限制政府侵权行为。

（五）借鉴有益经验

一方面可以借鉴越南的经验。中央财经领导小组、中央农村工作领导小组办公室副主任韩俊提出，越南土地证书是全国统一，法律效力高；越南土地管理部门档案齐全；越南要求登记但不强制，但是只有登记才能保障合法权益等，值得我们借鉴。并且越南土地登记成本不高，世行认为是最成功的。另一方面可

① 土地承包后，发包给谁，谁就拥有土地承包权，也就是田底权。
② 土地流转后，谁使用，谁就拥有土地经营权，也就是田面权。

以借鉴国内成都、重庆的经验。成都市把土地确权登记和耕地保护基金挂钩，重庆提出土地确权证书可以抵押，这两地的土地确权工作都进行得比较顺利。

（六）加大投入

地籍工作的要求是不重、不漏、无纠纷、边界清晰。目前试点登记大体上一亩地10块钱左右，全国算下大概180亿。孙中华等提出，从操作过程来看，土地确权工作技术本身不成问题，但是这项工作需要时间、资金和人才队伍的培养。要制定培训计划，分层分批开办培训班，对相关工作人员全面开展业务培训，切实提高培训的针对性和实用性，确保广大基层干部、相关技术人员全面掌握工作流程、技术规范和政策界限。

（七）强化监督检查，做好成果验收

建立健全土地确权登记颁证工作情况汇报、监督检查和成果验收制度。通过开展专项检查、抽样调查、实地核查或委托第三方评估等方式，认真查看工作程序是否规范、成果是否符合标准、数据库建设是否符合要求、档案资料是否真实完整、农民群众是否满意。要参照《农村土地承包经营权确权登记颁证成果检查验收办法（试行）》等规定，健全成果验收制度，督促市县扎实做好自查、核查，认真组织做好验收工作。要结合实际，科学制定验收方案，分期分批地开展成果验收，做到成熟一批验收一批。

（八）抓紧平台建设，推进成果应用

提出全国农村承包土地应用平台建设方案并初步建立基本框架。指导各地抓紧建立承包地确权登记数据库和信息系统，实现对土地承包合同、登记簿和权属证书管理的信息化；积极研究中央、省、市、县数据库及信息管理应用平台建设数据保密管理等技术规范；推进承包期确权成果应用，方便群众查询，利于服务管理，实现确权经济效益和社会效益最大化。

第四章

我国农地流转的进展、问题与对策[①]

近几年来，我国农地流转进展较快，呈现出一些新特点，也出现了一些新问题，当前亟需根据农地流转的最新情况在政策上做出调整与改进。

一、当前我国农地流转现状及特点

当前我国农地流转主要呈现流转规模扩大趋势加快、转包和出租为主要流转形式、股份合作开始兴起并引发农业经营体制创新、地租成为农业成本和收益的主要成分、农地流转市场初步建立、鼓励农地流转政策纷纷出台等特点。

（一）总体上农地流转规模扩大、趋势加快

从全国总体情况看，我国农地流转规模逐步扩大，并呈现加快趋势。截至2014年6月底，全国农村承包耕地流转面积达3.8亿亩，占承包耕地总面积的28.8%。近年来全国承包耕地流转比例提高幅度逐年扩大，去年流转比例提高了4.8个百分点，今年上半年又提高了2.8个百分点。去年全国农村承包耕地流转面积达3.4亿亩，今年上半年又流转了0.4亿亩。

（二）发达地区农地流转比重高

截至2011年底，全国家庭承包耕地流转总面积达到2.28亿亩，比2010年底增长22.1%；占家庭承包经营耕地面积的17.8%，比2010年提高3.1个百分点。分省看，耕地流转面积占耕地承包面积比重较大的前10个省(市)分别

① 作者：伍振军，本章成稿时间为2014年，本章大部分内容以《土地流转现状与机遇》为题，发表在《时事报告大学生版》，2014年第2期上。

是：上海58.2%、北京46.2%、江苏41.2%、浙江40.3%、重庆38.2%、黑龙江30.5%、广东25.8%、湖南23.6%、河南20.6%、福建19.3%。流转面积比上年增长幅度较大的10个省(区)分别是：甘肃88.3%、河南50.9%、山西49.5%、河北45.8%、宁夏41.4%、辽宁39.3%、湖北35.2%、贵州29.6%、山东27.4%、安徽26.8%。本课题组对几个典型地区的实地调查也表明发达地区农地流转比重较大。至2011年6月,江苏省常熟市农地流转总面积37.15万亩,流转总量占全市农户实有承包耕地总面积50.96万亩中的73%。至2010年底,江苏省太仓市累计流转土地面积28万亩,占农地总面积的80%。截至2009年底,浙江省农地流转总面积633.5万亩,占总承包耕地面积的32.0%;涉及流出土地农户322.9万户,占家庭承包经营总农户的34.5%,远高于全国平均水平;农地流转面积、涉及流出土地农户分别比2008年增长16%和16.7%。

(三) 农地流转向规模化方向发展

农地流转有效地促进了农业规模化经营。江苏省苏州市通过农地流转使农业适度规模经营比例在2011年上半年就已达到76%。太仓市通过流转28万亩土地形成适度规模经营总面积25.88万亩。常熟市农地规模经营总面积为41.87万亩,占全市现有农用地总面积56.54万亩的75.8%,规模流转中用于种植粮食的面积为23.04万亩,规模经营单位895个,平均经营面积257亩;用于水产养殖的面积为6.79万亩,养殖水产面积50亩以上的660多户;用于种植瓜果蔬菜6.38万亩,规模经营单位1 000多个。同时该市有45个村集体参与土地的规模经营,经营面积达3.59万亩。课题组调查的69个村中,转入农户最大经营面积平均86.32亩(总有效样本52个村);转入耕地公司最大经营面积平均317.79亩(总有效样本18个村);转入耕地的8个农民专业合作社中,2个农民专业合作社最大经营面积100亩及以下,3个农民专业合作社最大经营面积100～200亩,2个农民专业合作社最大经营面积200～500亩,1个农民专业合作社最大经营面积500亩及以上。

(四) 转包和出租是主要流转形式,股份合作开始兴起

转包、出租、互换、转让、股份合作是农地流转的5种主要形式,其中转包和出租是最主要的流转形式。在本质上,转包和出租并没有不同,是土地承包人将承包土地租赁给承租人,不同之处在于转包指的是租赁给本集体经济组织内的其他成员,出租指的是租赁给本集体经济组织外的承租人。截至2011年底,转包、出租、互换、股份合作、转让流转的比重分别为51.1%、27.1%、6.4%、

5.6%和4.4%;另有5.5%的耕地通过临时代耕等其他方式流转,比2010年下降0.4个百分点。以互换和出租方式流转的耕地面积比2010年分别增长了52.5%和25.4%。

近年来,股份合作,即以土地承包经营权入股农民专业合作社的流转方式开始显现并逐步增加,全国这一形式流转面积从2009年的800万亩增加到2011年上半年的1 271万亩,比例从2009年的5.4%增加到6.2%。尤其是在浙江、苏州、成都、上海等一些发达地区开始兴起。苏州市明确把土地股份合作作为土地规范有序流转的重要抓手,在实施农地流转财政补贴政策时把整村流转和组建土地股份合作社作为主要条件,至2010年底,全市累计成立土地股份合作社671家,入股面积98万亩,占农民流转土地面积的52.6%,土地承包经营权入股已经成为该市农地流转的主要形式。

(五) 农地流转促进了农业经营体制创新

土地股份合作为农业经营体制创新创造了条件。太仓市从2009年起探索发展村集体合作农场,在土地股份合作制度基础上,实行"大承包、小分包"生产经营方式,创新农业经营体制。合作农场将土地分大片承包给若干分场长,分场长包产量、生产资料、用工,制定生产激励制度,通过竞争和考核确定分场长的薪酬。分场长再雇佣农业工人进行农业生产,设定亩均管理费用标准及统一的用肥、用药以及田间管理等标准,并按月考核打分,直接挂钩结算。农场把"成本核算、绩效挂钩"作为激发和调动分场场长及员工的责任心和积极性的重要手段。加入合作农场的农户,土地入股土地股份合作社每年可拿租金,资金入股专业合作社每年可取股金,劳动加入劳务合作社每月可领薪金。至2011年上半年,太仓市共组建合作农场71家,流转土地面积62 493亩,至2012年,全市共组建合作农场96家,合作农场经营土地面积15.1万亩。

(六) 地租成为农业成本和收益的重要组成部分

课题组2011年对全国669个耕地流转户的专题调查表明,农地流转租金(以下简称地租)已成为农业成本和收益的重要组成部分。对转出户,地租为农业收益,对转入户,地租为农业生产成本。根据569个有地租数据的农户样本数据,2010年我国农户在农地租佃中亩均农地租金为276.85元,即农业生产中的农地要素成本为276.85元/亩。截至2011年上半年,全国农地流转面积2.07亿亩,按每年亩均农地租金275元,以2亿亩计算,每年农业地租的租金总量为550亿元,这是显性化的农业地租或农地要素成本。如此推算,全国18亿亩耕地每年的农业地租总量可达到4 950亿元左右。样本农户中,佃农的加权平均地租产值率为 13.5%，即地租额或农地要素成本占农地产品销售收入的一成多一些。佃农的地租成本率为 26.7%，此为农地要素成本占农业生产总成本的比重。佃农的地租收入比为 45.0%，即地租额略低于佃农农业纯收入的一半。

（七）农地流转市场初步建立，促进了土地有序流转

随着农地流转数量和规模的日益扩大，仅依靠村内流转或口口相传流转信息已不能适应农地流转供求双方的需要，一些地区在近几年相继发展了农地流转市场，形式有农地流转中心、交易所、交易市场等。据农业部消息，截至 2013 年，全国已有超过 800 个县(市)、13 000 个乡镇建立了农地流转服务中心，初步形成了“村有信息员、乡镇有服务窗口、县市有流转大厅”的流转管理服务体系。在课题组调查到的江苏省苏州市、黑龙江省黑河市、浙江省嘉兴市、四川省成都市都从 2008 年前后开始探索建立农地流转平台。嘉兴市探索建立县乡村三级农地流转市场服务平台，该市海盐县成立了“农地流转和产权交易服务中心”，建立县级农地流转服务平台，在各乡镇建立了“海盐县农地流转服务中心分中心”，各村成立农地流转服务站。通过三级流转服务平台，为农地流转供求双方提供流转信息、政策咨询、指导、合同签订、纠纷协调等服务，基本建立了农地流转市场。在流转市场上，保底分红、实物作价等价格形成机制逐步完善，分类定价机制已经形成，价格调整机制正在建立。各地农地流转市场对于促进土地有序流转、减少流转双方交易成本、规范农地流转行为起到了重要的承载作用。

（八）各地纷纷出台鼓励流转的政策，推动了农地流转

为了促进规模经营与现代农业发展，各地纷纷出台了支持农地流转的政策措施，包括财政补贴、投资倾斜、就业扶持、政策倾斜等。近年来，苏州市各市区先后出台了一系列针对农地流转的财政扶持政策，给予流出土地农户每亩每年 300～500 元财政补贴。2010 年，苏州市用于农地流转补贴的财政资金达 2.8 亿元，比上年增长 27.3%。黑龙江省黑河市地域辽阔，人均耕地面积多，农民自发流转耕地意愿强，土地规模经营潜力大。基于这些背景，黑河市委市政府于 2008 年 10 月出台了《黑河市关于加快农地流转发展规模经营的实施意见》，提出了推进农地流转规模经营的 10 项政策措施。成都市对连续三年以上规模经营土地面积 1 000 亩以上的，市政府按 100～200 元每亩的标准给予一次性奖励，并且规定直接用于种养业生产和管理、服务的非永久性固定建筑物，其占地不视为建设用地，并免除相关手续和收费。嘉兴市制定了农地流转与规模经

营激励机制，安排专项资金引导农地流转，奖励土地股份合作社、成片流转的农户、基层政府、土地流入主体以及中介服务组织。

二、农地流转的政策法规脉络

自 1984 年中央 1 号文件为农地流转打开“门缝”以来，我国农地流转政策逐步宽松、完善，多次中央文件都对农地流转政策的逐步完善具有重要意义，尤其是 2001 年中央 18 号文件系统提出了农地流转政策，2002 年《农村土地承包法》将农地流转政策上升为法律形式，具有里程碑式意义，2008 年中央十七届三中全会《决定》为新时期农地流转指明了方向。

（一）1984 年中央 1 号文件首次允许农村土地有限度流转

1984 年中央 1 号文件《中共中央关于一九八四年农村工作的通知》提出了土地承包期延长到 15 年，并首次允许了农村土地有限度流转，即只能在集体组织内部社员间转包，而出租则被明文禁止。文件规定了土地可以在集体内部社员间转包：“鼓励土地逐步向种田能手集中。社员在承包期内，因无力耕种或转营他业而要求不包或少包土地的，可以将土地交给集体统一安排，也可以经集体同意，由社员自找对象协商转包，但不能擅自改变向集体承包合同的内容。”文件同时对转包的条件也做出了指导：“转包条件可以根据当地情况，由双方商定。在目前实行粮食统购统销制度的条件下，可以允许由转入户为转出户提供一定数量的平价口粮。”这也可以是看作农地流转租金的最初形态。文件还规定了 3 个不准，“自留地、承包地均不准买卖，不准出租，不准转作宅基地和其他非农业用地”。在此可以看出，出租在当时还是被禁止的。但即便如此，农地流转的萌芽已经出现了。形象地说，1984 年中央 1 号文件为农地流转打开了“门缝”。

（二）1993 年中央 11 号文件提出允许转让土地使用权

1993 年中央 11 号文件《中共中央、国务院关于当前农业和农村经济发展的若干政策措施》提出土地承包 15 年到期后再延长到 30 年，文件提出“在坚持土地集体所有和不改变土地用途的前提下，经发包方同意，允许土地的使用权依法有偿转让”。允许土地使用权依法有偿转让是农地流转政策历程中的重要一步，这意味着，除转包外，出租等其他形式的流转也是符合政策的。1984 年中央 1 号文件对农地流转的政策“门缝”已经被打开。文件没有规定土地使用权转让的形式等内容，这也可以看作是农地流转政策之门的“半遮半掩”吧。

（三）1998年十五届三中全会《决定》进一步重申土地使用权可以流转

1998年党的十五届三中全会是一次聚焦农业农村工作的会议，全会通过的《中共中央关于农业和农村工作若干重大问题的决定》重申了土地使用权可以流转，并提出了农地流转要坚持“自愿、有偿”的原则，规定“土地使用权的合理流转，要坚持自愿、有偿的原则依法进行，不得以任何理由强制农户转让”。从上述规定还可以看出，当时的农地流转还没有提出“依法”原则。《决定》同时提出“少数确实具备条件的地方，可以在提高农业集约化程度和群众自愿的基础上，发展多种形式的土地适度规模经营”。

（四）2001年中央18号文件系统提出农地流转政策

2001年《中共中央关于做好农户承包地使用权流转工作的通知》（中发[2001]18号）首次将农地流转政策系统化。《通知》开门见山指出了农地流转中存在的强制流转、损害农民利益、改变土地农业用途等问题，提出了引导农村土地使用权流转健康发展的综合性政策。核心内容有4个，一是农户承包地使用权流转要在长期稳定家庭承包经营制度的前提下进行，要认真落实中央关于土地承包期再延长30年不变的政策，确保家庭承包经营制度长期稳定；二是流转必须坚持依法、自愿、有偿的原则，一定要坚持条件，不能刮风，不能下指标，不能强制推行，也不能用收走农民承包地的办法搞劳动力转移；三是规范企事业单位和城镇居民租赁农户承包地，中央不提倡工商企业长时间、大面积租赁和经营农户承包地，地方也不要动员和组织城镇居民到农村租赁农户承包地；四是加强对农户承包地使用权流转工作的领导，正确引导和规范农地流转工作，保护农民的长远利益。

（五）2002年通过的《农村土地承包法》是农地流转政策的集中法律体现

《农村土地承包法》颁布之前，所有关于农地流转的规定都是在政策文件中，并没有法律依据。2002年通过、2003年实施的《农村土地承包法》首次以法律形式阐述了农地流转，对我国农地流转制度进行了法律表述，是我国农地流转政策的集中体现，是我国农地流转政策法规中具有里程碑式意义的法律，对于指导农地流转具有重大意义。

该法第二章第五节土地承包经营权的流转共 12 条内容，详细规定了农地流转的各项内容。主要内容一是具体化了农地流转形式，“通过家庭承包取得的土地承包经营权可以依法采取转包、出租、互换、转让或者其他方式流转”。二是提出流转应遵循的原则，包括平等协商、自愿、有偿，不得改变土地所有权的性质和土地的农业用途，流转的期限不得超过承包期的剩余期限等。三是强调农地流转的主体是承包方，也即承包土地的农户。四是对发包方(也即乡村集体)的行为作了规范，明确指出承包期内发包方不得单方面解除承包合同，不得强迫流转等。五是规定农地流转的转包费、租金、转让费等，应当由当事人双方协商确定。流转的收益归承包方所有，任何组织和个人不得擅自截留、扣缴。六是规定农地流转当事人双方应当签订书面合同，并列出农地流转合同的一般条款。七是开创性提出承包方之间为发展农业经济，可以自愿联合将土地承包经营权入股，从事农业合作生产。

2007 年实施的《物权法》明确土地承包经营权为用益物权，并沿袭了《农村土地承包法》关于农地流转的相关规定，“土地承包经营权人依照农村土地承包法的规定，有权将土地承包经营权采取转包、互换、转让等方式流转”。

(六) 2008 年中央十七届三中全会《决定》指明了新时期农地流转的方向

2008 年十七届三中全会《中共中央关于推进农村改革发展若干重大问题的决定》是新时期指导农业和农村工作的纲领性文件，《决定》也为新时期农地流转工作指明了方向。《决定》指出要毫不动摇地坚持以家庭承包经营为基础、统分结合的双层经营体制，完善土地承包经营权权能，依法保障农民对承包土地的占有、使用、收益等权利，这实际上也是农地流转的基础。《决定》提出了农地流转中政府的职责是要加强农地流转管理和服务，建立健全土地承包经营权流转市场；应坚持的 3 个原则是“依法、自愿、有偿”；流转的 5 种形式是“转包、出租、互换、转让、股份合作等形式”；流转的目标是发展多种形式的适度规模经营，有条件的地方可以发展专业大户、家庭农场、农民专业合作社等规模经营主体；流转的 3 条底线是“不得改变土地集体所有性质，不得改变土地用途，不得损害农民土地承包权益”。近年中央 1 号文件也都遵循了《决定》提出的流转方向与思路。

土地承包经营权股份合作方式对于降低流转风险、推进农业规模经营、保障农民承包权权益都具有积极意义。然而，对于股份合作的流转方式，在政策上一直比较谨慎。在 2001 年《中共中央关于做好农户承包地使用权流转工作的通知》中加强了对转包、转让、互换、租赁、入股等农地流转形式的规范管理，但是在 2002 年通过的《农村土地承包法》中的提法却是“通过家庭承包取得的土地承包经营权可以依法采取转包、出租、互换、转让或者其他方式流转”，这里没有提到股份合作的流转方式。直到2008年十七届三中全会《决定》又再次将股份合作作为农地流转的一种形式，在政策上彻底明确了股份合作的流转形式地位，为规范股份合作的流转形式提供了政策基础，也为股份合作流转形式的兴起提供了政策起点。浙江省在农民合作社的探索方面再一次走在前列，2009年浙江省出台了《农村土地承包经营权作价出资农民专业合作社登记暂行办法》，对农民以土地承包经营权作价入股农民专业合作社的范围、原则、作价办法、章程修订、登记程序、合同终止等进行了规范。

三、农地流转中存在的主要问题

(一) 政府流转服务能力薄弱，市场流转信息沟通不畅

在我们调查到的苏州市、嘉兴市、成都市、黑河市，农地流转服务平台正在逐步建立并完善，其中一些县市起步早，设施和人员配备齐全，流转服务平台已开始有效发挥作用。但对于其他一些县市刚刚建立的流转服务中心来讲，各种基础条件不足，流转服务能力比较弱，在信息收集与发布、咨询服务、合同服务、纠纷调解等方面的功能还不健全。从全国来看，不少地区还没有真正建立农地流转市场，农地流转还处于自发、无序状态，政府部门的流转服务能力更加薄弱，土地供需信息平台尚未形成，供需双方的信息不能得到有效沟通。土地流出户找不到合适的土地受让者，需要土地的经营大户又找不到土地出让者，信息沟通不顺畅严重制约了农地正常流转。

(二) 流转不规范，矛盾纠纷多

在农地流转过程中，存在土地确权不到位、流转无合同、合同不完备、缺乏利益协调机制、强制流转等不规范行为。这些不规范的行为极易产生纠纷并带来一些遗留问题。尤其是随着农业负担的减少、农业补贴的增加、农地价值的上升，农民、集体、经营主体之间很容易就地块边界、流转价格、利益分配等问题产生纠纷。现实中，此类纠纷也确实不少，成为一类主要的土地矛盾。2010年，全国除西藏外30个省(区、市)村民委员会、乡镇人民政府和农村土地承包仲裁委员会共受理土地承包及流转纠纷22.25万件，其中农地流转纠纷6.44万件，占纠纷总量的28.9%，比2009年上升0.8个百分点。

(三) 流转中农民的主体地位难保障

在农村社会保障体系还不健全的情况下，部分农民主要还是依靠土地收入解决看病、上学、养老等问题。农民把土地作为最基本的生活保障，留有一亩三分地心里踏实，对于流转土地存在后顾之忧。实行农地流转规模经营可以解放大量的农村劳动力，但这些劳动力的转移就业存在困难。不少农民担心农地流转规模经营后自己无事可做，生活无着落，这也影响了农民的流转意愿。在农地流转中，农民是流转的主体。然而，从实际情况看，农民的流转主体地位往往受到侵害。一些村干部、基层政府以集体享有承包地的所有权为名，宣称“土地是集体的”，任意收回、越权流转农户承包地，剥夺农民的知情权和参与权。不少农民对于村干部农地流转决策、合同内容等并不知情，对于流转价格也没多大发言权。

(四) 培育规模经营主体难

农地流转规模经营一方面会产生规模效益，但另一方面也会使生产经营中的自然风险和市场风险集中于经营主体，这对规模经营也造成了一定的负面影响。经营农业效益低、风险高，既需要经营主体有一定的生产经营技术和资金投入，还需要具备抵御各种风险的能力。在目前我国农村金融支持不足、农业保险缺乏的情况下，难以培育农业规模经营主体。

(五) 缺乏稳定合理的收益分配机制

我国农民普遍缺乏资金、技术、信息和市场网络，在与农业企业等的流转合作中，农民处于弱势地位，一些农民以相对低廉的租金流转土地承包经营权。流转双方往往没有建立合理的收益分配机制，农民难以获得土地增值收益。大部分流转后的土地都主要用来经营高效农业、设施农业和休闲观光农业。在经营状况好的情况下，流入主体会获取较高的生产和经营利润。但是，农民一般只能获得一个固定的收益，而不能比照产业发展和土地经营效益提高来获得更高的土地增值收益。在农民以土地承包经营权入股流转方式中，也普遍存在农民土地股份折价低，与工商资本地位不对等的现象。农户难以获得与经营主体平等协商的权利，也很难具有根据经营效益的提高获得进一步分红的权益。本课题组的 669 个农户问卷调查表明多数农地流转都没有随时间调整地租，也即没有动态的租金调整机制，在回答租金是否调整问题时，69.3%的转出户(总有效数据 261 个)回答耕地租金不会调整，73%的转入户(总有效数据 248 个)回答租金没有调整。

（六）流转农地“非粮化”与“非农化”倾向明显

在农地流转过程中，耕地“非粮化”是一个值得关注的问题，大部分农地流转后存在“非粮化”倾向。由于种植传统的粮食作物收益比较低，许多经营主体流入农地种植水果、花卉等，发展高效农业、设施农业等。至 2010 年底，流转农地中用于种植非粮食作物的面积为 8 400 多万亩，占流转总面积的 45%。东北和中部一些粮食主产区流转农地用于粮食种植面积的比例相对较高。西部某市只有不到五分之一的流转土地在种植粮食和油料。实地调查到的东部某市 10 家土地合作社或农业企业，全部利用流转的土地从事非粮食产业。此外，部分流转土地还有“非农化”现象。一些企业在原来的耕地上修水泥路、建饭店、建简易宾馆，建设农业休闲园区，发展休闲观光业等，破坏了耕作层，减少了耕地数量，加大了耕地保护的难度，容易导致农地的大规模非农化。

（七）集体流转“工作经费”违规，使用不透明

2001 年《中共中央关于做好农户承包地使用权流转工作的通知》（中发[2001]18 号）中明确规定：“土地流转的转包费、转让费和租金等，应由农户与受让方或承租方协商确定，流转的收益应归农户所有，任何组织和个人不得擅自截留、扣缴。”然而，部分地区村集体将本村（组）土地集中起来统一流转给经营主体，获得一定的流转“工作经费”，在多数地区，这些“工作经费”直接支付给了村集体。有些村集体的“工作经费”每年有几十万元。流转“工作经费”实际上就是变相截留农地流转收益，与相关政策规定不相符。土地承包经营权是农民的用益物权，农民享有占有、使用、收益的权利，而流转的也恰恰是农民的土地承包经营权，因此集体不应分享这部分流转收益。此外，村集体收入的流转“工作经费”的使用也往往不透明。如何使用现有的这些村集体收入，并使之处于有效监督之下，也是农村土地规模流转面临的问题。

（八）工商企业大规模租赁农地现象值得慎重对待

2009 年和 2010 年，农地流转入企业的面积均在 1 500 万亩左右，到 2011 年上半年，这一面积增加到 1 915 万亩，增长幅度为 27%，2013 年流转入企业的土地面积同比增长 40%，增幅较大，这一现象应引起警惕。通过调研我们了解到，一些工商企业下乡租赁农地的主要目的是“圈地”从事非农业活动，而不是真正用于农业经营。通过与村集体、农民或者基层政府签订农地流转合同，工商企业圈占几百亩、上千亩甚至更多的农地。企业改变农地为非农用途后，

实践中农民已很难再将出租的农地收回，即便收回，也难以恢复耕种。工商企业大规模租赁农地不利于农民土地权益的保护，在租赁农地的过程中，工商企业利用资本、信息、市场、部分基层政府和干部支持等优势，在与农民的谈判和签约中占据有利地位，租赁合同条款往往会有利于企业一方。其次，企业“兼并”土地后农民土地权益受损。企业与农户的农地租赁合同期较长，租约一般都签到二轮承包期末(多数地区为 2028 年)，在这么长的合同期内，由于农地形状变化、家庭成员变动等情况，以及随着时间的推移，工商企业会成为事实上的农地主人，形成事实上的土地“兼并”，农民难以收回自己的承包地，对原本是自己的土地失去占有、使用和收益等用益物权。此外，不少工商企业租地经营存在短期性行为，部分工商企业本身不具备经营农地的经验，企业一旦发生经营风险就拍屁股走人，很容易将风险转嫁给农民和地方政府，发生拖欠农地租金、产生农地纠纷及农民上访事件。本课题组 669 个农户的问卷调查表明，57.1%的受访农户(总有效数据 666 个)对于公司长时间、大面积租用农民耕地存在担忧，90.4%的受访农户(总有效数据 649 个)认为对于公司在农村租用农地应该有限制。

四、政策建议

(一) 保障农民土地承包经营权，进一步搞好土地确权工作

稳定和完善农村基本经营制度，坚持以家庭承包经营为基础、统分结合的双层经营体制，赋予农民更加充分而有保障的土地承包经营权，保持现有土地承包关系稳定并长久不变，这是农地流转的制度基础，也是维护农民农地流转权益的保证。首先要严格执行《农村土地承包法》《物权法》、十七届三中全会《决定》等有关法律政策规定，坚持农村土地承包制度，坚定赋予农民更加充分的土地承包经营权，坚决保障农民各项土地承包经营权权能，保障农民的土地承包经营权用益物权。农民拥有法律赋予的长期而又稳定的土地承包经营权，任何组织和个人不得干预农民的生产经营自主权；不得违法调整农民的承包地；不得假借少数服从多数强迫农民放弃或变更土地承包经营权；不得违反农民意愿强行进行农地流转；不得非法侵占农民承包地；不得以发展农村经济，增加集体收入为由侵占农民土地或平调其他集体经济组织土地；不得以划分“口粮田”“责任田”为由，收回承包地搞招标承包。其次，农业部门、国土部门、地方政府要积极、扎实开展土地确权工作，进一步做好农村土地丈量、确权、登记、颁

证工作，进一步明晰土地产权，明确农民土地承包经营权用益物权权益，明确农民土地承包经营权的占有、使用、收益等各项权益。

（二）加强政府服务，规范农地流转

政府部门要加强对农地流转的服务和管理工作，营造良好的农地流转政策环境，依法支持、引导、规范农地流转。在服务对象上，要加强对流入主体和农民的服务。一方面要加强对流入主体的服务，注重流转服务平台建设，改进服务流程，提高服务水平，降低流入主体的进入成本。另一方面要加强对农户的服务，通过提高农民组织化程度，提供资金、技术、土地供需及价格信息等服务来增强农民的谈判能力。在服务内容上，一是建立健全农地流转市场，为流转双方建立流转的信息和服务平台，提供流转供求信息、价格评估服务等。二是提供合同签订与鉴证服务，规范流转合同文本，规范流转登记备案制度。三是规范流转行为，严格执行依法自愿有偿原则，尊重农民对土地承包经营的自主权，防止强迫命令，不得以少数服从多数为由强迫农户流转。政府要维护农民农地流转的收益权，严防截留、扣缴，着力查处违背农民意愿、侵害农民权益的行为。四是建立健全协商、调解、仲裁、诉讼为主要内容的土地承包和流转纠纷调解机制，依法开展农村土地承包和流转纠纷的仲裁。

（三）建立健全农地流转市场，加快培育市场化流转机制

在我国广大农村地区，农地流转已经有了一定发展并将逐步扩展，尤其是在一些发达地区及城市郊区农村，农地流转的比例较大。在此背景下，应顺应农地流转逐步增加的趋势，尽快建立健全农地流转市场，培育市场化流转机制。促进农地流转最有效的方法应该是培育土地使用权流转市场，通过农民、合作社、农业企业之间土地使用权的自愿转让，来实现经营规模的扩大和生产效率的提高。政府的作用应当主要体现在健全土地法规，界定土地产权和制定农地流转的规则上，而不是用行政命令手段，采取搞运动的方式去推进土地规模经营的发展。要防止政府直接用行政手段推动土地规模经营进而引发新的社会矛盾。在坚持土地承包关系长期不变和尊重农民意愿的前提下，要积极探索建立“依法、自愿、有偿”的市场化的农地流转机制。要建立健全农地流转市场定价机制，引导流入流出双方对农地流转合理定价。完善价格形成机制，如对入股合作流转，鼓励农民土地承包经营权入股收益实行按股保底分红，按实物作价，提倡以稻谷、油菜籽等实物作价。建立分类定价机制，农地流转价格应根据土地区位优劣、流入户种植的作物不同、流转期限不同等确定不同的价格。建

立价格调整机制，以实物收入作价，价格前几年稳定，之后每隔一定时期进行一次调整，保障农民收益。

（四）确保农民主体地位，健全集体参与机制

在政府、集体和农民这三者中，需要特别明确的就是农民是农地流转的主体，因为流转的对象就是农民的土地承包经营权，而不是集体的土地所有权，更不是政府的其他土地产权。农民有权自主决定土地承包经营权是否流转和流转的方式。如果农户愿意委托流转的，可以向镇农村集体农地流转市场或村集体经济组织签署委托流转合同书，委托镇农村集体农地流转市场或村集体经济组织进行流转并与转入方签订流转合同。地方和村集体应做好服务工作，确保农民在农地流转中的主体地位。除了前述的做好农村土地确权外，一要加大土地法规政策的宣传力度，让普通农民了解土地承包经营权的具体权利，知道在农地流转中自己享有的权益，并最好在农户承包合同、承包经营权证书中加以注明。二要依法保障农户的主体地位，惩处侵害农民承包地权利的行为。三要清晰界定集体与农户土地权利之间的界限，规范村集体代表农民流转土地的程序，明确村集体在农地流转中的地位和职责，保障农民对土地的占有、使用、收益等权利。四要健全集体参与机制，建立和完善村集体经济组织，明确其地位和职责，健全其职能，并明确集体不得变相收取或截留农地流转收益。农地流转的转包费、租金、转让费等，应当由当事人双方协商确定或在流转委托书中进行明确，流转收益全部归承包方所有，任何组织和个人不得擅自截留侵占。

（五）建立合理的农地流转收益分配机制，减少流转纠纷发生

土地集中后进行规模化生产，并注入资本与技术等高效农业生产要素后，往往会产生比流转前传统农业更高的收益。在股份合作形式的流转中，农户土地作价入股股份往往过小，在与拥有工商资本的投资主体的谈判过程中，难以获得平等协商的权力，不能根据土地经营效益获得进一步的收益。因此，农地流转双方应在流转初期就制定增值收益分配条款，建立合理收益分享机制，让农民从土地增值中获得进一步的收益，以避免流转双方因此而产生纠纷与矛盾，保障双方的合理利益。

（六）支持并规范农地股份合作社发展，带动农业经营体制创新

农地股份合作社是集合农民的土地承包经营权，结合资本和技术等要素，多样化联合与合作，进行农业生产的一种组织方式。农民以土地承包经营权作

价出资入股合作社，能有效地把土地集中起来，连片开发、规模经营，是把农业生产要素合理地整合起来的较好方式。农地股份合作社有利于降低农地流转风险、保障农民土地承包经营权权益、进一步推进农业规模经营和现代农业发展。农地股份合作为农业经营体制创新创造了条件，有利于家庭农场、合作农场、农业专业承包等新型农业经营形态的发展。但目前对于农地股份合作社的登记和管理办法还不成熟。工商部门对于农地股份合作社还不予登记颁证，全国层面上也还没有关于农地股份合作社的统一规范的政策条文，只有浙江省在规范农地股份合作社发展方面出台了管理办法，为我国探索土地股份合作社发展与管理迈出了一步。2009 年浙江省出台了《农村土地承包经营权作价出资农民专业合作社登记暂行办法》，对农民以土地承包经营权作价入股农民专业合作社的范围、原则、作价办法、章程修订、登记程序、合同终止等进行了规范。土地承包经营权作价入股将实践中出现的农地股份合作社纳入农民专业合作社统一管理，解决了工商登记和农民土地承包权益保护的问题，在农地流转理论和实践上进行了创新。浙江经验值得借鉴与参考。此外对于土地承包经营权入股合作社可能诱发的问题与产生的隐患，还应该引起重视并及早防范，在法规和政策文件中作出规定和说明。

（七）加大保险、金融、补贴及项目支持力度，促进农地适度规模经营

规模经营主体经营风险较大，一旦遇到风险将伤害到农地流转双方的利益，并引发流转矛盾。因此需要农业保险给农地流转和规模经营保驾护航。建议国家要进一步加大种植业保险力度，尤其是对实行规模经营的土地政策倾斜，优先纳入种植业保险。有条件的地区，农村信用社、农业银行等机构可以探索建立专门针对农地规模经营的贷款品种，并综合利用财政贴息、农业保险、农业担保等政策，加快培育农业规模经营主体，推进土地资源的合理利用和有序高效流转。国家农业补贴和农业开发项目中应立专项支持规模经营主体发展。中央财政、农业、农业综合开发等部门可以在现有政策基础上，制定出台专门引导支持农业规模经营的补贴和项目。

（八）限制流转土地“非粮化”，禁止流转土地“非农化”

在农地流转中应兼顾粮食安全，解决好耕地“非粮化”问题。要大力发展粮食规模经营，鼓励和引导经营大户、合作社种粮，稳定粮食生产。降低种粮成本，提高种粮补贴与粮食价格，使得粮食生产有利可图，增强农业企业、经营大户、合作社等土地流入主体的种粮积极性。农地流转过程中，更要采取严格措施限制农用地转为非农用地，落实最严格的耕地保护制度，不得以农地流转名

义将农用地转变为非农用地。

(九) 对工商企业大规模租赁农地设定准入限制并严格管理

明确对工商企业到农村大规模租赁农地进行准入限制,设计适合我国国情的限制和规范工商企业租赁农地的制度,只有符合一定条件的企业才可以租赁和经营农地。企业租赁农地应当有严格的资质和条件限制,这些资质和条件主要应当包括:企业经营领域必须与农业相关;租地企业负有保护农地的责任;企业租地如果没有从事农业生产,农户和集体有权解除租地合同,等等。纠正地方政府鼓励企业到农村租赁农地的行为,地方政府和土地管理部门要加强土地用途监管,坚决制止工商企业进入农地后直接或间接改变土地农业用途,坚持农地农用、农地农有。

第五章

中国农地流转模式及特征[①]

借鉴 Howard A. Shelanski 和 Peter G. Klein (1995) 以及 Alexandra Benham 和 Lee Benham(1998)提出来的交易过程分析方法,对四种主要模式的交易过程、主要特征进行分析。同时,借鉴孔祥智(2010)等土地流转分析方法,可以将我国土地承包经营权流转概括为 M、M^-、S^+ 和 S 四种主要模式:一是以浙江省为代表的流转市场基本完善,政府扶持市场参与主体的"M 模式";二是以四川省、重庆市等地为代表的流转市场初步建立,政府扶持需求主体的"M^-模式";三是以安徽、黑龙江省等地为代表的流转市场尚未建立,政府扶持流转中介的"S^+模式";四是欠发达、偏远地区的流转市场、政府职能缺失,自发流转的"S模式"。

一、M 模式:流转市场基本完善,政府扶持市场参与主体

(一) 模式概况

此模式可以概括为:三个步骤、四个主体、有偿流转。三个步骤中步骤一是土地挂牌。村集体组织协调农户将土地集中之后,把土地信息提供到土地流转市场,由土地流转市场公开挂牌转让。步骤二是协议流转。村集体组织农户签订合同或协议,将土地流转给用地企业、经营大户、土地股份合作社等需求主体。需求主体将租金支付给农户。步骤三是政府奖励。当地政府出台激励农村土地承包经营权流转的政策,给村集体和需求主体以适当的奖励。四个主体包括政府行为主体和三个市场参与主体。政府行为主体指地方

① 本章作者:孔祥智、伍振军、张云华。

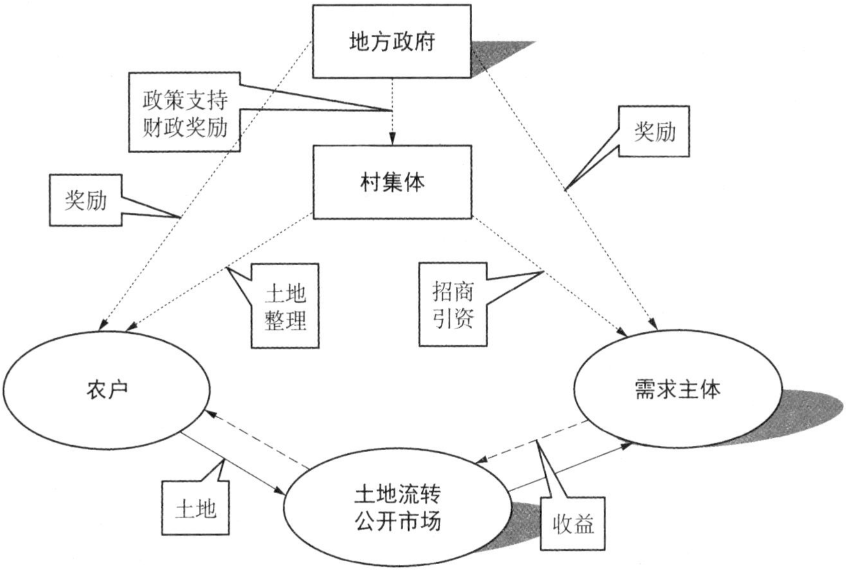

图 5-1 M模式示意图

县、乡(镇)政府,三个市场参与主体中供给主体为农户,需求主体为用地企业、土地股份合作社、农业经营大户等,村委会、村民小组和村集体经济组织起到中介的作用。

(二) 主要特征

此模式有两个基本特征:特征一是建立健全了土地承包经营权流转市场。在这种模式中,土地承包经营权流转无形市场与有形市场建设已经进行了有益探索,并取得了一定的成效。一方面是建立健全土地承包经营权流转有形市场。在土地承包经营权流转市场供求信息的收集与发布、农业产业的开发和项目引进等服务平台建设上进行了有益探索。例如,浙江省海盐县于 2009 年初成立了"农村土地流转和产权交易服务中心",建立县级土地承包经营权流转服务平台,在大厅上通过电子屏幕发布土地承包经营权的面积、区位、期限、价格、是否是"季节性流转"等供求信息。各乡(镇)建立了"海盐县农村土地承包经营权流转服务中心分中心",各村成立农村土地承包经营权流转服务站,作为配套机构为土地承包经营权流转提供信息发布、政策咨询、合同签订与鉴证、价格指导、纠纷协调等服务,基本建立了土地承包经营权流转有形市场。另一方面,在建设土地承包经营权流转有形市场的同时,实行这种模式的地区还注意建设土地承包经营权流转无形市场,主要有三个方面:(1)建立了价格形成机制。农民土地承包经营权入股收益实行按股保底分红,按实物作价,提倡以油菜籽、稻谷等实物作价,把油菜籽、稻谷等作为硬通货。比如,杭州海正药业公司按照每年每亩500斤稻谷加100斤油菜籽(按当年市场价)折算成人民币支付给富阳县胥口镇下练村经济合作社,再由村统一发放到各家各户。(2)建立了分类定价机制。流转价格根据土地区位优劣、流入户种植的作物不同、流转期限不同等确定不同的价格,保护农民土地承包经营权权益。(3)建立价格调整机制。租金以实物收入作价,价格前几年稳定,之后每隔一定时期进行一次调整,保障农民土地承包经营权收益。

特征二是政府财政奖励流出农户、村集体和需求主体,引导和支持土地承包经营权流转。地方政府制定了土地流转与规模经营激励机制,安排专项资金引导土地流转。第一,奖励成片流转的农户。海盐县对于成片流转的农户,每亩补助100元。第二,奖励中介服务组织。孔祥智、伍振军(2010)的调查显示嘉兴市秀洲区财政对于经工商部门登记、运作规范、作用明显、每年新增土地流转面积500亩以上的土地流转中介服务组织,给予3~5万元的奖励。第三,奖励村集体。嘉兴市秀洲区对新增连片流转土地200亩以上,流转期限10年以上的,按照市、区1∶1给予补助,其中75%作为村集体土地流转工作经费。第四,奖励土地流入主体。海盐县对大规模流入土地的农民专业合作社、农业龙头企业及其他工商业主体、种养大户按每亩100元给予奖励。嘉兴市秀洲区财政对于新组建的、土地入股面积300亩以上、运作规范的土地股份合作社给予2万~3万元的一次性补助。

二、M⁻模式:流转市场初步建立,政府扶持需求主体

(一)模式概况

此模式概括为:四个步骤、四个主体、有偿流转。四个步骤中步骤一是土地集中。土地确权后,村集体将农户的土地承包经营权集中起来。步骤二是协议流转。村集体、农户与需求主体签订合同或协议,将土地流转给用地企业、土地股份合作社、经营大户等。步骤三是支付收益。需求主体将租金和"工作经费"统一支付给村集体,村集体在扣除"工作经费"后,将租金支付给农户。步骤四是政府奖励。当地政府出台农村土地承包经营权流转的激励政策,给需求主体以适当的奖励。四个主体包括三个市场参与主体和一个政府行为主体。政府行为主体指地方县、乡(镇)政府,三个市场参与主体中供给主体为农户,需求

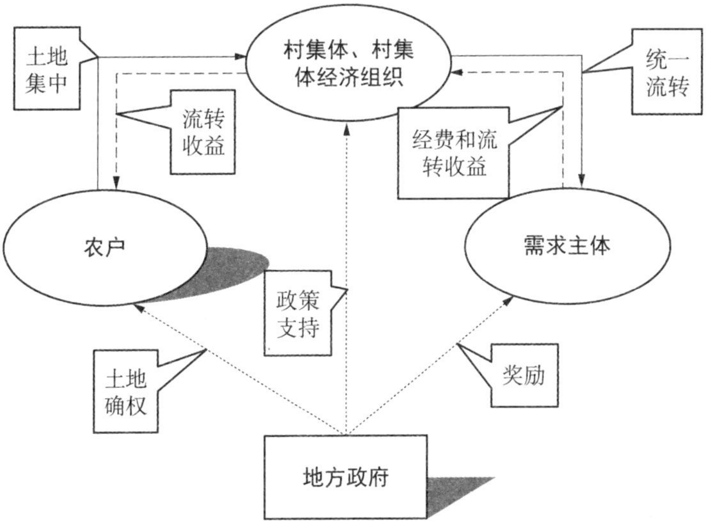

图 5-2 M⁻模式示意图

主体为土地股份合作社、用地企业、农业经营大户等，村委会、村民小组和村集体经济组织起到中介的作用。

(二) 主要特征

特征一是土地流转市场初步建立。在这种模式中，初步建立农村产权交易市场，并逐渐完善交易平台。比如，四川省成都市试点建立农村土地承包经营权流转市场，为流转搭建平台。成都在市一级建立了农村产权交易所，区(县)建立农村产权流转服务中心或者分所，并在部分乡镇和村成立了土地流转机构，搭建了完整的农村土地承包经营权流转交易平台，在农村土地承包经营权确权的基础上，流转平台通过拍卖、协议转让等方式，推动了农村土地承包经营权流转。比如，成都市农村产权交易所成立后不久，四川金科农业有限责任公司通过公开电子竞价方式，以 1 000 斤大米/(年・亩)的价格，竞拍取得郫县安德镇泉水村 570 亩、20 年期的农村土地承包经营权，价格比起价高了 25%。

特征二是政府扶持需求主体流转土地。比如，四川省成都市对连续三年以上规模经营土地面积 1 000 亩以上的用地企业和规模经营大户，市政府按 100 元至 200 元每亩的标准给予一次性奖励；并且规定直接用于种养业生产和管理、服务的非永久性固定建筑物，其占地不视为建设用地，并免除相关手续和收费。

三、S^+模式：流转市场尚未建立，政府扶持流转中介

（一）模式概况

此模式可以概括为：三个步骤、四个主体、有偿流转。三个步骤中步骤一是土地集中，步骤二是协议流转，步骤三是收益支付。四个主体包括三个市场参与主体，一个政府行为主体。三个市场参与主体中供给主体为农户，需求主体为用地企业、土地股份合作社和农业经营大户等，村委会、村民小组和村集体经济组织起到流转中介的作用，政府行为主体指地方县、乡（镇）政府。

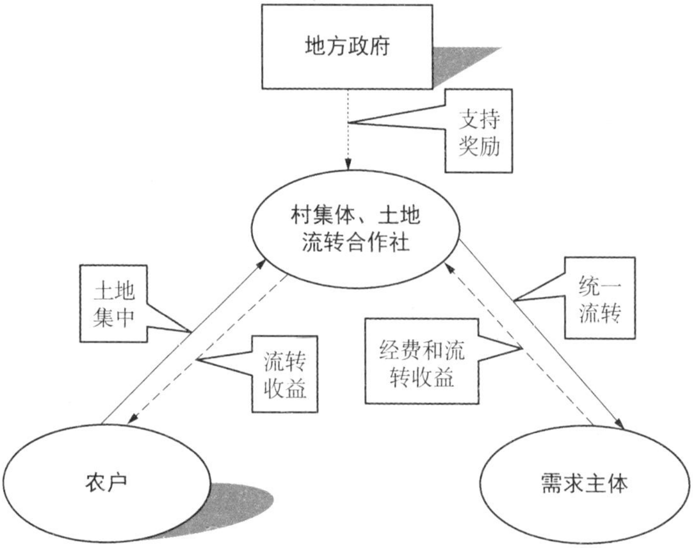

图 5－3　S^+模式示意图

（二）主要特征

特征一是土地流转市场尚未建立。比如，安徽省土地流转工作开展较早的肥西县，目前开始在合肥市土地流转奖补政策的基础上安排一定资金，用于开展农村土地承包经营权流转指导、流转信息平台的搭建和发布以及市、县（区）、乡镇、村土地流转服务组织培训和仲裁机构建设等。特征二是政府资金支持村集体、村土地流转合作社等流转中介。安徽省肥西县对新成立的土

地流转中介组织给予1万元的补助;从2009年起,肥西县政府每年将评选5个左右推进土地承包经营权流转和规模经营工作力度大、管理规范、成效显著的先进乡、村进行表彰。对被评为土地流转先进乡、村给予2万～5万元的奖励。铜陵县财政对土地流转工作业绩突出的示范村和先进村分别予以6 000元和4 000元奖励。

四、S模式:流转市场和政府职能缺失,自发流转

(一)模式概况

此模式主要是指农户直接将土地流转给经营大户和用地企业。该模式可以概括为:两个步骤、两个主体、有偿或无偿流转。两个步骤中步骤一是协议流转。农户直接与需求主体签订书面或者口头协议,将土地流转给用地企业、经营大户等。步骤二是支付收益。需求主体将土地租金直接支付给农户,如果采取委托代耕的形式,需求主体不用支付土地租金。两个主体主要是两个市场参与主体,供给主体为农户,需求主体主要为农户、用地企业、农业经营大户等。

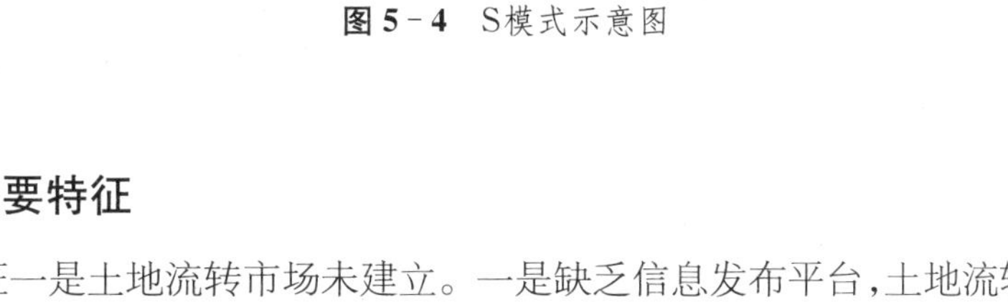

图5-4 S模式示意图

(二)主要特征

特征一是土地流转市场未建立。一是缺乏信息发布平台,土地流转信息收集、整理、发布的平台尚未建立。二是各种配套机构尚未建立,纠纷仲裁、政策法律咨询、档案建设、土地流转指导等机构尚未建立。三是县、乡(镇)等基层政府职责不明确,工作职责等各项制度尚未建立。特征二是政府对村集体、农户以及流入主体缺乏财力支持,没有发挥财政资金在支持农村土地流转中的支持和引导作用。

五、小结

基于土地承包经营权流转特征和模式的分析，本研究认为主要问题是：部分地区流转信息沟通不顺畅，农民流转主体地位得不到保障，集体“流转工作经费”使用有待透明，农民难以获得土地增值收益等。

针对土地流转中出现的问题，结合各地区的有益探索，本研究认为，促进土地承包经营权有序流转需要建立土地承包经营权有形市场，培育土地承包经营权无形市场；突出地方政府服务职能，确保农民主体地位；健全集体参与机制；建立纠纷解决机制。

（一）存在的问题

基于土地承包经营权流转特征和模式的分析，本研究认为主要问题是：部分地区流转信息沟通不顺畅，农民流转主体地位得不到保障，集体“流转工作经费”使用有待透明，农民难以获得土地增值收益等。

一是土地承包经营权流转信息沟通不顺畅。土地承包经营权流转市场在许多地区尚未建立起来，土地供需信息平台尚未形成，供需双方的信息不能得到有效沟通，土地流出户找不到合适的土地受让者；需要土地的经营大户、企业由于找不到土地出让者，信息沟通不顺畅严重制约了土地承包经营权流转。此外，农民往往更加缺乏信息，处于劣势，对市场行情不能充分把握，有些地区土地承包经营权流转价格不能真实反映土地价值，造成了土地承包经营权流转市场的价格混乱，损害了农民土地承包经营权权益，也制约了土地的进一步流转。

二是农民的流转主体地位得不到保障。农民是流转的主体，其土地承包经营权是包括占有、使用、收益的用益物权，而部分地区农民的流转主体地位往往受到侵害。

三是流转“工作经费”使用有待透明。部分地区农民只有通过村集体、土地流转合作社才能流转土地，村集体、土地流转合作社将本村（组）土地集中起来统一流转给用地主体，能够获得一定的“工作经费”，或者直接从租金中拿出一部分作为“工作经费”。在多数地区，这些“工作经费”直接支付给了村干部，经费使用不够透明。

四是容易产生矛盾纠纷。一是土地承包经营权流转不规范。很多农户之间的流转没有签订书面合同，或者合同内容不完备、不规范，容易引发纠纷。二是部分地区土地确权工作未开展，一旦土地承包经营权流转，遗留问题就暴露出来，产生纠纷。三是整村成片土地承包经营权流转的地区，有些农民流转意愿并不强，但迫于村里人情、舆论，或因为村干部做工作的压力而流转，在土地经营和收益分配上容易产生纠纷。

(二) 建议

针对土地流转中出现的问题，结合有益探索，本研究认为，促进土地承包经营权有序流转需要建立土地承包经营权有形市场，培育土地承包经营权无形市场；突出地方政府服务职能，确保农民主体地位；健全集体参与机制；建立纠纷解决机制。

一是建立土地承包经营权有形市场，培育土地承包经营权无形市场。推进土地承包经营权流转需要建立土地供需信息平台，建立健全土地承包经营权流转有形市场和无形市场。

二是确保农民主体地位。地方政府要加强对农户的服务，提供资金、技术、土地供需及价格信息等服务，并通过提高农民组织化程度，来增强农民的谈判能力。一是要开展土地确权工作，进一步明晰土地产权。二要加大宣传力度，让农民知道在土地流转中自己享有的权益，并最好在农户承包合同、承包经营权证书中加以注明。三要清晰界定集体与农户土地权利之间的界限，明确村集体在土地流转中的地位和职责。四要依法保障农户的主体地位，惩处侵害农民承包地权利的行为。

三是健全集体参与机制。明确集体地位和职责，健全其职能，建立村集体“流转工作经费”使用的监督约束机制。天乡路社区在这方面做得比较好，2008年该社区股份合作社实际收取的39.4万元“工作经费”计入了合作社经营性收益中，114.3万元总收益在第二次收益分配中，提取公益金15.6万元，风险基金35万元，医疗统筹5.5万元，剩余的58.2万元作为股东红利支付给入股农民。“工作经费”的使用处于社员的监督之下，公开透明。

四是建立纠纷解决机制。一是建立矛盾预防机制。二是及时处理流转矛盾纠纷。三是完善土地承包经营权流转纠纷调解机制。依法开展农村土地承包和流转纠纷的仲裁，维护农民的土地承包经营权正当权益，促进土地健康流转。

第六章

农地流转的市场模式与参与方动机解析①

自20世纪70年代末以来，我国通过把农民土地使用权从集体所有权中分离的方式，进行了一场深刻的土地改革。家庭承包制度极大地促进了农业生产的发展、农民收入的增加、农村社会的稳定。但实行家庭承包经营以后，又出现了土地细碎化、农户土地经营规模过小等弊端，农村土地经营制度客观上需要进一步完善。近年来，农民就业结构发生了重大转变，非农就业和外出务工已经成为农民重要的就业方式和收入来源，数亿农村劳动力的非农化为农村土地承包经营权创造了极大的流转空间。农村土地承包经营权流转已成为我国农村土地制度改革发展的一个重要方面。我国农地流转可划分为三种市场模式，主要有四个参与主体，并呈现规模扩大、趋势加快，转包和出租为主要形式，流转市场初步建立等特点。分析四个参与主体的行为特征表明，地方政府推进土地流转，发展经济以提高税收；村集体积极推动土地流转以获取经济利益；需求方之一的用地企业积极参与流转，种粮大户流转意愿强；绝大部分农户有流转意愿，大部分有流转行为。农村土地承包经营权流转，是我国农村经济社会发展的必然要求，也是传统农业向现代农业转型的必由之路。但是，由于我国目前土地流转方面的制度和支撑体系仍不完善，各地区土地流转过程中出现了一些问题：一是对农民土地承包经营权流转的服务和管理不够，导致不规范流转的现象较普遍，引发纠纷；二是流转市场没有建立，土地资源未能得到有效利用与配置；三是土地承包经营权流转后，违规使用和破坏地力的现象时有发生，影响了农业的可持续发展和粮食生产的稳定，流转纠纷和矛盾已经显现。在这样的背景下，研究农村土地流转问题，提出对策建议，规范农地流转，确立农民主体地位，保障农民土地承包经营权益，具有非常积极的意义。

---

① 作者：王俊沣、伍振军，本章成稿时间为2011年，本章大部分内容以《农地流转的市场模式与参与方动机解析》为题，发表在《改革》2011年第2期上。

一、我国农村土地承包经营权流转市场现状

综合浙江、黑龙江、四川、重庆、安徽、河南等省(市)土地流转调研情况,并结合全国总体状况,对我国农村土地承包经营权流转市场现状进行分析。

(一)规模扩大、地区间不平衡

从流转规模来看,2009 年全国共计 1 000 万公顷,流转面积比例超过 12%,总规模比 2008 年提高了 37.6%。2008 年底,浙江省流转面积比例达 27.6%;四川省成都市耕地流转 43.7%,四川省都江堰市农用地、耕地流转规模分别是 2002 年的 13.4 倍和 24 倍。全国地区间不平衡。流转面积江苏占比为 19.2%、黑龙江为 18.1%、重庆为 17.8%;比重较大的省(市)为浙江 28.7%,上海 60%,其中浙江德清县水田流转 75.1%、钟管镇 82%、武康镇五四村水田 100%流转。

(二) 转包和出租为主,股份合作开始兴起

大部分地区转包最多,出租次之,转包达 50%左右,出租占比为 30%左右。浙江省转包和出租占流转总面积的 85%以上,互换、转让只占 14%;德清县钟管镇出租 81.7%,转包 8.7%;北京出租比例高于转包,达到 46.9%;成都市出租占到 60%多。近两年来,股份合作在浙江、苏州、成都、上海等一些发达地区开始兴起,对于降低流转风险、推进农业规模经营、保障农民承包权权益都具有积极意义。2009 年浙江省出台了《农村土地承包经营权作价出资农民专业合作社登记暂行办法》,在土地股份合作的探索方面走在前列。

(三) 土地流转租金差别较大,一些地区租金较高

毗邻城市、经济发达、区位较好的地区土地流转价格高,地处偏僻、区位较差的流转价格低。成都市郊区价格一般为 1.65 万～1.95 万元/(公顷・年),部分地区接近 3 万元/(公顷・年)。而区位较差地区只有较好地区的 1/4～1/3。重庆市为 9 000～15 000 元/(公顷・年)。浙江省为 7 500～10 500 元/(公顷・年),德清县部分地区达 12 900 元/(公顷・年)。安徽省肥西县流转给种粮大户的只有 2 250～3 000 元/(公顷・年),流转给用地企业的只有 7 500 元/(公顷・年);怀宁县更低,在 1 500～4 800 元/(公顷・年)。

(四) 土地承包经营权流转市场初步建立，促进了土地有序流转

一些地区在近两年相继发展了流转中心、交易所、交易市场等流转市场。黑龙江省黑河市、浙江省嘉兴市、浙江省湖州市、重庆市、四川省成都市都从2008年开始探索建立土地承包经营权流转平台。嘉兴市探索建立县、乡、村三级土地承包经营权流转市场服务平台。保底分红、实物作价等价格形成机制逐步完善，分类定价机制已经形成，价格调整机制正在建立。各地流转市场对于促进土地有序流转、减少供需双方交易费用、规范流转行为起到了重要作用。

(五) 各地纷纷出台鼓励流转的政策，推动了土地流转

各地纷纷出台了支持土地承包经营权流转的政策措施，包括财政补贴、投资倾斜、就业扶持、政策倾斜等。黑河市提出了推进土地流转规模经营的10项政策措施，扶持规模经营主体；奖补全部流转土地的农户。重庆市江津区通过政策引导、产业扶持、培育市场主体、建立保障体系等促进土地流转。成都市着重奖励大规模土地流入主体。湖州市德清县扶持农业企业和合作社。嘉兴市安排专项资金全面奖励农户、流入主体、村集体、中介等参与主体等。

二、我国农地流转市场模式和主要参与主体

我国农村土地承包经营权流转市场主要有三种模式，有地方政府、村集体、土地供需双方四个主要参与主体。

(一) 我国农地流转市场模式

借鉴 Howard A. Shelanski 和 Peter G. Klein(1995)，Alexandra Benham 和 Lee Benham 提出来的交易过程分析方法，对市场流转模式的交易过程、主要特征进行分析。借鉴孔祥智等提出的土地流转分析方法，分析出我国土地承包经营权流转市场可以概括为三种主要流转模式：第一，以浙江省为代表的流转有形市场基本完善、政府扶持市场参与主体的模式。此模式有两个基本特征：一是建立健全了土地承包经营权流转市场；二是政府财政奖励流出农户、村集体和需求主体，支持和引导土地承包经营权流转。第二，以四川省、重庆市等地为代表的流转有形市场初步建立、政府扶持需求主体的模式。在这种模式中，农村产权交易市场初步建立，交易平台逐渐完善，政府扶持需求主体流转土地。第三，以安徽、黑龙江省等地为代表的流转有形市场尚未建立，政府扶持

流转中介的模式。这种模式有两个特征：一是土地流转有形市场尚未建立，二是政府资金支持村集体、村土地流转合作社等流转中介。

（二）四大参与主体

三种主要市场模式的共同特点是“四个主体、有偿流转”，四个主体包括三个市场参与主体和一个政府行为主体。三个市场参与主体中供给主体为农户，需求主体为用地企业、农业经营大户等，村委会、村民小组和村集体经济组织起到流转中介的作用，政府行为主体指地方县、乡（镇）政府。国内外学者主要利用博弈论、行为经济学和制度经济学等理论，对参与土地流转的主体的成本、收益进行分析。元露丰、欧阳高晖认为土地流转需遵循诱致性制度变迁原则。王辉(2009)和李霄(2003)等假定个人的目标函数是收入最大化，企业的目标函数是利润最大化，政府的目标函数是发展最大化，运用博弈论模型理论探讨了土地流转各参与主体的行为取向。关于政府主体行为，制度学派观点认为，个人、企业和政府是市场经济体制中三个基本的行为主体，每个行为主体都有自己的行为目标函数，这就是收益最大化。

1. 地方政府

Andrew G. Walder 认为，“财政包干，分灶吃饭”的财政体制改革刺激了我国地方政府谋求经济发展以获取较大的财政收益，导致了经济转型政府行为和角色的转变。Arild Angelsen 运用博弈论模型，利用三个典型的林地分配案例来分析美国当地政府和联邦政府在林地资源竞争和市场整合中的行为。

2. 农户

刘克春等、张文秀等(2005)及其他学者探讨了农户土地流转行为的经济性和社会性因素。陈美球等运用 Logit 模型分析家庭特征、家庭经济和资源禀赋等三方面因素对农户耕地流出和流入行为的影响。Hanan G. Jacoby、Guo Li、Scott Rozelle(2002)，Meredith J. Soule、Abebayehu Tegene、Keith D. Wiebe(2000)，程化雨、董捷(2003)，谭淑豪(2004)等强调了农地产权的明确性、稳定性和期限的安全性对农地转入方长期投资的重要影响。Douglas W. Allen、Dean Lueck(1999)，Siddhartha Dasgupta、Thomas O. Knight、H. Alan Love(1995)等针对各种经济社会因素对农业合约选择行为的影响进行深入研究。

3. 村集体

关于村集体行为，很多学者对村集体在土地流转过程中的行为和作用提出了自己的观点。马晓河、崔红志(2002)认为，村集体本应发挥组织协调作用，却单纯重视通过土地流转增加乡村收入，力图从中获利。王辉建立了博弈模型，研究土地流转中国家(监管部门)、村集体与农民的行为,并认为由于权利主体不明晰,实质是村集体替代农民行使权利,而农民与国家则存在着关系缺失问题。也有学者认为,目前一些村集体组织强制农民流转土地的行为损害了农民的利益,但长远来看,村集体将会发挥积极作用。

4. 用地主体

Timothy Besley 分析了财产权利与投资激励的联系,理论分析显示安全的产权可以带来交易的收益网。Hanan G. Jacoby、Guo Li、Scott Rozelle (2002)通过我国东北地区的农户数据研究了村庄层面的农地重新分配所导致的农地使用期的安全性与农地投资的联系。Yang Yao 认为,土地流转市场的发育程度是衡量土地产权完整程度的重要变量,不完善的土地流转市场会阻碍农户的长期投资行为。也有学者认为,农户土地利用中存在资本要素投入的短期化。多数农地流转是短期甚至没有明确具体的流转期,随时都可以收回转让出去的土地,这使得流转制度对大多数农民缺乏对流转的土地进行长期投资的激励。贺振华认为,农户对未来的不确定,尤其是对未来农产品市场的不确定和对未来从事行业的不确定,可能会促使农户选择更不稳定的土地制度。从长期来看,由于这种制度会减少长期投资,因而不利于我国农业生产的可持续发展。

这里借鉴已有的研究成果,假设地方政府有自身的目标函数,在推动土地流转过程中会综合考虑经济发展、政绩和税收等重要目标,其目标就是收益最大化。同时,结合全国各地的调研情况,假定村集体、用地企业、规模经营大户、农户的目标函数也是收益最大化。在此基础上,分析四个参与主体的行为特征。

三、参与主体行为特征

通过对土地流转中地方政府、村集体、土地供需双方等四个主要参与主体的行为进行分析,发现地方政府推进土地流转,发展高效农业以发展经济、提高税收;村集体积极推动土地流转以获取经济利益;需求方之一的用地企业经营非粮高效农业收益高,从而积极参与流转,种粮大户发展规模经营有利可图,流转意愿强;绝大部分农户有流转意愿,转出土地后家庭收入更高,大部分有流转行为。

(一)地方政府推进土地流转,发展经济提高税收收入

地方政府通过开展土地确权、建立土地承包经营权流转市场、出台激励政策等积极推进农村土地承包经营权流转。据统计,全国大约有 20 个省、直辖市、自治区颁布了省级党委或政府有关推进农村土地承包经营权流转的文件,绝大部分市、县都有相应的推进土地流转的举措。

一是开展农村土地承包经营权确权工作,为流转奠定基础。四川省在成都市试点开展土地确权工作,目前已经确权颁证 25.9 万户,涉及承包地面积 2.373 万公顷。

二是建立健全土地承包经营权流转市场。一方面是建立健全土地承包经营权流转有形市场。浙江省一些地区在土地承包经营权流转供求信息的收集与发布服务平台建设上进行了有益探索。另一方面是培育土地承包经营权流转无形市场。首先,完善价格形成机制,如对入股合作流转,鼓励农民土地承包经营权入股收益实行按股保底分红,按实物作价,提倡以稻谷、油菜籽等实物作价,把稻谷、油菜籽等作为硬通货。其次,建立分类定价机制。浙江省提出土地承包经营权流转价格应根据土地区位优劣、流入户种植的作物不同、流转期限不同等确定不同的价格,保护农民土地承包经营权权益。最后,建立价格调整机制,以实物收入作价,价格在最初几年稳定,之后每隔一定时期进行一次调整,保障农民土地承包经营权收益。

三是出台一系列流转支持政策,为流转提供激励。地方政府通过农地流转,可以发展粮油、果蔬、花卉苗木、茶叶等优势产业,通过延伸农业产业链来发展农业服务业,地方政府可获得可观的税收。

(二)村集体积极参与流转获取经济利益

村集体发挥土地流转中介的作用。一是搜集、发布土地流转供求信息。二是联络、服务和指导流转事宜。村集体或者依托村集体的合作社为农户和经营大户、用地企业提供流转供求信息,并参与土地承包经营权流转的组织协调工作。村集体通过推进流转获得经济利益。一般说来,流入主体只有通过村集体才能集中土地,而后者集中土地能获取一定的经济利益。在多数土地规模流转地区,村集体都能向流入主体收取较高的“工作经费”。比如,位于成都市温江区生态科技经济产业园内的成都市先锋园艺有限公司按照 9 000 千克大米/(公顷·年)的价格从万春镇黄石社区和南岳社区各一个组共租赁 7.33 公顷的土地,租期为 23 年,村小组按照 7 875 千克大米/(公顷·年)的价格支付给土地流出的村民,留用 1 125 千克大米/(公顷·年)作为“工作经费”。按照大米

3.00 元/千克计算，该企业支付给两个村民小组每年的"工作经费"为 2 万元左右。又如，2008 年天乡路社区股份合作社将农民入股的 153.23 公顷土地统一流转给外来企业，价格为 8 625 千克大米/(公顷·年)，并向外来企业收取1 125 千克大米/(公顷·年)的土地流转协调费，该合作社 2008 年实际收取协调费 39.4 万元。土地流转达到一定规模的村集体、村土地流转合作社等流转中介还可以获得来自地方政府的奖励。浙江省嘉兴市秀洲区财政对于经工商部门登记、运作规范、作用明显、每年新增土地流转面积 33.33 公顷以上的土地流转中介服务组织，给予 3 万～5 万元的奖励。对新增连片流转土地 13.33 公顷以上，流转期限 10 年以上的，按照市、区 1∶1 给予补助，其中 25%作为镇、街道土地流转工作经费，75%作为村集体土地流转工作经费。在双重经济利益刺激下，村集体积极推动土地流转。

(三) 用地企业与经营大户行为分析

1. 用地企业积极参与流转，经营非粮高效农业收益高

与传统农业相比，经营非粮高效农业的效益显著提升。根据对四川省成都市的调查，曹建勇认为，高效农业产出是传统农业的 5～10 倍。2008 年，双流县彭镇有机生态葡萄园平均每公顷投入资金 15 万元左右，已投产的 13.33 公顷富硒葡萄均价达到 100 元/千克，实现产值 360 万元，每公顷收益比种植传统农作物增加 15 万元左右。

根据对浙江省嘉兴市的调查，种植传统的粮食作物收益比较低，绝大多数企业等经营主体流入土地是为了发展高效农业，种植水果、花卉，发展设施农业等。比如，该市爱丝制衣有限公司自 2008 年从平湖市广陈镇转入土地 79 公顷，累计投资 5 000 多万元，建设嘉兴金龙门生态农业园，取得较好的收益。根据对该市四个县(市)近 10 家土地合作社、土地流入企业的调查，没有一家利用流转的土地种植粮食。根据统计数据，2000—2007 年，浙江省粮食播种面积下降趋势明显。从 2000 年的 230 万公顷下降到 2007 年的 122 万公顷，减少了 47%。

2. 种粮大户参与流转发展规模经营有利可图

改革 30 多年来，在农村职业分化过程中形成了一支庞大的种田能手队伍，他们需要达到一定种植规模后才能获得和外出务工或经商相接近的收入水平，客观上产生了转入土地的强烈需求。而粮食规模经营能够降低生产成本、提高产量，从而提高收益，因此种粮大户也有参与土地流转的积极性。从安徽省肥西县看，转入土地的经营大户多为当地的粮食种植能手。种粮大户转入土地后更倾向于种植优质粮食品种，使用质量更好的肥料、农药，并提高机械化程度，

从而提高种粮收益。安徽省肥西县丰乐镇水稻种植大户郑德立 2004 年与六个村的村小组签订土地承包经营权流转合同,以 3 000 元/(公顷·年)的价格转入 162 户共 20 公顷耕地,租期为三年,到期后续签。郑德立 2005 年投入 1.5 万元进行灌溉及配套设施建设、购买农机设备种植优质水稻和小麦。平均每年生产成本大约 33 万元,纯收入约为 4 500 元/(公顷·年)。目前,双方仍以 3 000元/(公顷·年)的价格执行原合同。同村的葛基庭以 2 250 元/(公顷·年)的租金转入 6.67 公顷耕地种植水稻,涉及 40 个农户,投入 2.8 万元购进农机设备和建设灌溉设施,每公顷年纯收入可达到 8 250 元。

(四) 农户土地流转意愿和行为分析

从农户流转意愿看,大部分农户有流转意愿,但是也有农民把土地作为最基本的生活保障来看待,对于流转土地存在后顾之忧。从转出土地的农户看,大部分农户转出土地后非农收入与务工收入会有较大的增长,使得家庭收入更高。从农户土地流转行为看,绝大部分农户有土地流转行为,流出多,流入的少;流出土地的农户中,主要通过亲戚朋友和村集体等中介流转,出租是最主要的流转方式,口头协议仍然比较普遍。

1. 农户流转意愿

绝大部分农户有流转意愿。从全国范围看,广大农民有流转土地的强烈要求。2008 年末,全国共有农民工 2.25 亿人,其中在本乡镇以外就业 6 个月以上的外出农民工有 1.4 亿人。按照这个数字推算,我国有 1 亿多农户,每户至少有 1 名劳动力在外务工,这就在客观上产生了把土地流转出去的强烈需求。根据安徽省安庆市怀宁县、合肥市肥西县 11 个村 191 个有效农户调查数据(其中怀宁县选取 6 个村,肥西县选取 5 个村,每个样本村随机选取 20 户农户为样本农户。共调查 220 个农户,获得问卷 201 份,其中有效问卷 191 份)。数据显示,本地农户流转土地的意愿程度较高,在 191 户农户中,有 92.1%的农户愿意流转自家承包的土地,其中 76.9%的农户愿意转出土地;仅有 7.9%的农户不愿意参与土地流转(见表 6-1)。

表 6-1　农户转出/转入土地意愿

土地流转意愿	愿意转出	愿意转入	不愿意参与流转
户数	147	29	15
比例	76.9%	15.2%	7.9%

2. 农户土地流转行为

一是大部分农户有土地流转行为。根据安徽省安庆市怀宁县、合肥市肥西县 11 个村 191 个农户调查数据，土地转出的有 116 人，占一半；转入土地的有 41 人，占 21.5%；既转入又转出的有 4 人；未发生流转的 30 人(见表 6-2)。

表 6-2 农户土地转出/转入土地情况

	转出土地	转入土地	既转入又转出	土地未发生流转
户数	116	41	4	30
比例	60.7%	21.5%	2.1%	15.7%

二是主要通过亲戚朋友和村集体、合作社等中介进行流转。对象主要是企业，企业也只有通过村集体才能集中土地。这种方式主要存在于流转中介发育较好，流转市场基本建立的地区。村集体或者合作社首先将农户的土地承包经营权集中起来。由村集体、农户与流入主体签订合同或协议，将土地流转给用地企业、经营大户等流入主体。流转收益通过中介支付或者直接支付给农民。比如，杭州海正药业公司按照每年每公顷 3 750 千克稻谷加 750 千克油菜籽(按当年市场价)折算成人民币支付给浙江省富阳县胥口镇下练村经济合作社，再由村统一发放到各家各户。

三是出租为最主要的流转方式。从四川省成都市农村土地承包经营权的流转形式看，出租是最主要的形式，在成都市土地流转中占到 60%多。从怀宁、肥西县总体数据看，土地转出方式以委托代耕、转包、出租三种为主，这三项所占比例达 93%，其中出租是土地转让的最主要形式，占 56.1%(见表 6-3)。

表 6-3 土地转出形式

转出方式	委托代耕	转包	出租	转让	互换	入股
人数	21	23	64	0	3	5
比例	18.1%	19.8%	55.2%	0	2.6%	4.3%

四是口头协议仍然比较普遍。根据对各个典型地区的调查，土地承包经营权流转不规范。农户之间的流转没有签订书面合同，或者合同内容不完备、不规范，是引发纠纷的重要因素。

从怀宁、肥西县看，书面协议是土地流转的主要协议形式。但也存在一部分的口头协议(见表 6－4)。村民小组或村内的土地流转,双方都很熟悉,通常采用口头形式;不熟悉的农户间的土地流转,则通常采用书面合同。

表 6－4　土地转出的协议形式

协议形式	书面	口头
人数	82	34
比例	70.7%	29.3%

四、存在的主要问题

从调查看,我国农村土地流转还存在一些问题。

(一) 部分农民流转意愿不强,主体地位难保障

在农村社会保障体系还不健全的情况下,部分农民主要还是依靠土地收入解决看病、上学、养老等问题。农民把土地作为最基本的生活保障,留有土地心里踏实,对于流转土地存在顾虑。实行土地流转规模经营可以解放大量的农村劳动力,但这些劳动力的转移就业存在困难。不少农民担心土地流转规模经营后自己无事可做,生活无着落,这也影响了农民的流转意愿。在土地承包经营权流转中,农民是流转的主体。然而,从实际情况看,农民的流转主体地位往往受到侵害。一些村干部、基层政府以集体享有承包地的所有权为名,宣称"土地是集体的",任意收回、越权流转农户承包地,剥夺农民的知情权和参与权。不少农民对于村干部土地流转决策、合同内容等并不知情,对于流转价格也没多大发言权。根据对安徽省怀宁县的调查,有 4 个农户表示由于土地属于政府平整土地规划范围内,而不得不将土地转出。

(二) 企业成为最重要的流入主体,不利于保持农业基础地位和农民利益保护

土地流转比例高的地区,尤其是经济发达的江浙地区和成都、合肥等大城市郊区,企业已经成为最重要主体。很多地区加大招商引资力度,以引入多少企业为政绩,部分地区提出"农业企业化"口号。从当前看,企业租金高于一般水平的流转价格,并在用工时首先满足转出土地的农民,特别是老年农民的要求,使其能够得到双重收益,对农民是有利的。但从长期看,在大城市郊区和经

济较发达地区大量引入非农企业，让工商资本进入农业领域，把农民变成雇工，会动摇农业的基础地位。并且，农户与工商企业难以建立合理的收益分配机制，也不利于保障农民的长期利益。

（三）集体流转"工作经费"违规，使用不透明

2001年《中共中央关于做好农户承包地使用权流转工作的通知》中明确规定："土地流转的转包费、转让费和租金等，应由农户与受让方或承租方协商确定，流转的收益应归农户所有，任何组织和个人不得擅自截留、扣缴。"然而，部分地区村集体将本村（组）土地集中起来统一流转给经营主体，获得一定的流转"工作经费"，在多数地区，这些"工作经费"直接支付给了村集体。土地承包经营权是农民的用益物权，农民享有占有、使用、收益的权利，而流转的也恰恰是农民的土地承包经营权，因此集体不应分享这部分流转收益。此外，村集体收入的流转"工作经费"的使用也往往不透明。如何使用现有的这些村集体收入，并使之处于有效监督之下，也是土地规模流转农村面临的问题。

（四）"非粮化"倾向明显，部分流转土地"非农化"

一是"非粮化"倾向明显。除安徽、河南等省注重发展种粮大户外，重庆、四川、浙江等省市流转的土地基本上用于种植经济作物、果树、花卉，近郊搞农家乐。一些地区把通过土地流转促进农业结构调整作为一条措施或经验来看待。成都市只有17.4%的流转土地在种植粮食和油料；湖州市德清县流转的水田只有5.7%在种粮；在嘉兴市走访的10家土地合作社或农业企业，全部利用流转的土地从事非粮产业。二是存在一定的"非农化"。一些地区出台政策，规定转入土地面积达到某个标准，就可以把一定比例用于建设"管理用房"，在调查中，这个比例有的是3%、5%，高的达到8%。部分地区流转的水田被挖至2米深发展水产养殖，用平原的良田种植果木花卉，发展休闲、观光业，而把山区的差田划为基本农田。有些企业在耕地上修水泥路、建饭店和简易宾馆、休闲园区等。

五、对策建议

针对以上问题，提出如下对策建议：

（一）加强政府服务，规范土地流转

一方面通过提高农民组织化程度，解决农民资金问题，通过提供技术、土地

供需、价格信息等来加强对农户的服务。出台全国性的土地股份合作社的登记和管理办法,支持并规范土地股份合作社发展。另一方面通过改进服务流程,提高服务水平,降低进入成本来加强对流入主体的服务。并且促进流转双方之间建立合理收益分享机制,让农民从土地增值中获得进一步的收益。在服务内容上,首先要建立健全土地承包经营权流转市场,建立健全市场定价机制,完善价格形成机制,建立分类定价机制。其次,提供合同签订与鉴证服务,规范流转合同和登记备案制度。最后,建立健全协商、调解、仲裁、诉讼为主要内容的土地承包和流转纠纷调解机制。

(二) 确保农民主体地位,健全村集体参与机制

在政府、村集体和农民这三者中,需要特别明确农民是土地承包经营权流转的主体。因为流转的是农民的土地承包经营权,不是村集体的所有权,更不是政府的其他土地产权。农民有权自主决定是否流转和流转的方式。要依法保障农民的主体地位,惩处侵害农民承包地权利的行为。并且,要健全村集体参与机制,清晰界定集体与农户土地权利之间的界限,明确村集体不得变相收取或截留土地承包经营权流转收益。

(三) 培育合作组织和经营大户

促进土地适度规模经营,经营大户主要种粮,有利于稳定粮食生产,农民合作组织最能保护农户利益,但两者都资金不足。企业能解决融资问题,但主要经营非粮产业,长期来看不利于保持农业基础地位和保护农民利益。因此要加快培育以合作组织和经营大户为主的规模经营主体,促进土地适度规模经营。措施一是鼓励农村金融机构探索针对农地规模经营的土地承包经营权抵押贷款机制;二是进一步加大种植业保险力度;三是制定支持农民合作组织和经营大户发展的补贴和项目。

(四) 鼓励和引导粮食种植

加强耕地保护,鼓励和引导粮食种植,推动粮食规模经营。一是要提高种粮补贴与粮食价格,使得粮食生产有利可图,增强土地流入主体的种粮积极性;二是要采取措施支持合作组织、经营大户种粮,降低种粮风险;三是落实最严格的耕地保护制度,防止以土地流转名义将农用地转变为非农用地,加强耕地保护。

第七章

交易费用、政府行为和模式比较：中国土地承包经营权流转实证研究[①]

农村土地承包经营权流转，是我国农村经济社会发展的必然要求，也是传统农业向现代农业转型的必由之路。众多国内外专家学者对我国土地流转的基本情况、影响土地流转的因素、流转市场参与主体行为、土地流转过程中的权益保护等问题进行了大量的调研，并得出了有意义的结论。然而，很少有学者对我国土地承包经营权流转中的交易费用、政府主体行为和作用、以及主要模式进行归纳总结。本文拟在充分吸收已有研究成果的基础上，利用交易费用经济学、行为经济学理论对我国土地承包经营权流转的交易费用、政府行为和主要模式进行比较分析，具体将我国土地承包经营权流转概括为 M、M^-、S^+ 和 S 四种主要模式，并构造了交易费用函数，计算出四种模式中农户、用地主体的交易费用，并进一步比较了四种模式中的政府主体行为及其与农户、用地主体交易费用的关系，提出政府主体行为对农户、用地主体交易费用有直接影响的观点，并在文章最后提出降低农户与用地主体交易费用的建议措施。

一、我国土地承包经营权流转的四种主要模式

借鉴 Howard A. Shelanski 和 Peter G. Klein, Alexandra Benham 和 Lee Benham 提出来的交易过程分析方法，对四种主要模式的交易过程、主要特征进行分析。并借鉴孔祥智等土地流转过程分析方法，可以将我国土地承包经营权流转概括为 M、M^-、S^+ 和 S 四种主要模式，一是以浙江省为代表的流转市场基本完善，政府扶持市场参与主体的“M 模式”。二是以四川省、重庆市等地为

① 作者：伍振军、张云华、孔祥智，本章成稿时间为 2011 年，本章大部分内容以《交易费用、政府行为和模式比较：中国土地承包经营权流转实证研究》为题，发表在《中国软科学》，2011 年，第 4 期上。

代表的流转市场初步建立，政府扶持需求主体的“M^-模式”。三是以安徽、黑龙江省等地为代表的流转市场尚未建立，政府扶持流转中介的“S^+模式”。四是欠发达、偏远地区的流转市场和政府职能缺失，自发流转的“S模式”。

(一) M模式：流转市场基本完善，政府扶持市场参与主体

1. 模式概况

此模式可以概括为：四个主体、三个步骤、有偿流转。四个主体包括三个市场参与主体和一个政府行为主体。三个市场参与主体中供给主体为农户，需求主体为用地企业、农业经营大户等，村委会、村民小组和村集体经济组织起到中介的作用，政府行为主体指地方县、乡(镇)政府。三个步骤中步骤一是土地挂牌。村集体组织、协调农户将土地成片集中之后，把土地信息提供到土地流转市场，由土地流转公开市场挂牌转让。步骤二是协议流转。村集体组织农户通过签订合同或协议，将土地流转给用地企业、经营大户等需求主体。需求主体将租金支付给农户。步骤三是政府奖励。当地政府出台激励农村土地承包经营权流转的政策，给村集体和需求主体以适当的奖励。

2. 主要特征

此模式有两个基本特征：特征一是建立健全了土地承包经营权流转市场。在这种模式中，土地承包经营权流转有形市场与无形市场建设已经进行了有益探索，取得了一定的成效。一方面是建立健全土地承包经营权流转有形市场；另一方面建设了土地承包经营权流转无形市场。在建设土地承包经营权流转有形市场的同时，实行这种模式的地区还注意建设土地承包经营权流转无形市场：(1)建立了价格形成机制。农民土地承包经营权入股收益实行按股保底分红，按实物作价，提倡以稻谷、油菜籽等实物作价，把稻谷、油菜籽等作为硬通货。(2)建立了分类定价机制。流转价格根据土地区位优劣、流入户种植的作物、流转期限等确定不同的价格，保护农民土地承包经营权权益。(3)建立价格调整机制。租金以实物收入作价，价格前几年稳定，之后每隔一定时期进行一次调整，保障农民土地承包经营权收益。

特征二是政府财政奖励流出农户、村集体和需求主体，支持和引导土地承包经营权流转。地方政府制定了土地流转与规模经营激励机制，安排专项资金引导土地流转。主要奖励成片流转的农户，中介服务组织，村集体以及土地流入主体。

(二) M^-模式：流转市场初步建立，政府扶持需求主体

1. 模式概况

此模式可以概括为：四个主体、四个步骤、有偿流转。四个主体包括三个

市场参与主体和一个政府行为主体。三个市场参与主体中供给主体为农户，需求主体为用地企业、农业经营大户等，村委会、村民小组和村集体经济组织起到中介的作用，政府行为主体指地方县、乡(镇)政府。四个步骤中步骤一是土地集中。土地确权后，村集体将农户的土地承包经营权集中起来。步骤二是协议流转。村集体、农户与需求主体签订合同或协议，将土地流转给用地企业、经营大户等。步骤三是收益支付。需求主体将流转收益，包括租金和“工作经费”统一支付给村集体，村集体在扣除“工作经费”之后，将租金支付给农户。步骤四是政府奖励。当地政府出台农村土地承包经营权流转的激励政策，给需求主体以适当的奖励。

2. 主要特征

特征一是土地流转市场初步建立。在这种模式中，农村产权交易市场初步建立，交易平台逐渐完善。比如，四川省成都市试点建立农村土地承包经营权流转市场，为流转搭建平台。成都在市一级建立农村产权交易所，区(县)建立农村产权流转服务中心或者分所，部分乡镇和村成立了土地流转机构，搭建农村土地承包经营权流转交易平台，在农村土地承包经营权确权的基础上，流转平台通过拍卖、协议转让等方式，推动了农村土地承包经营权流转。特征二是政府扶持需求主体流转土地。比如，四川省成都市对连续三年以上规模经营土地面积 1 000 亩以上的用地企业和规模经营大户，市政府按 100 元至 200 元每亩的标准给予一次性奖励。并且规定直接用于种养业生产和管理、服务的非永久性固定建筑物，其占地不视为建设用地，并免除相关手续和收费。

(三) S^+模式：流转市场尚未建立，政府扶持流转中介

1. 模式概况

此模式可以概括为：四个主体、三个步骤、有偿流转。四个主体包括三个市场参与主体和一个政府行为主体。三个市场参与主体中供给主体为农户，需求主体为用地企业、农业经营大户等，村委会、村民小组和村集体经济组织起到流转中介的作用，政府行为主体指地方县、乡(镇)政府。三个步骤中步骤一是土地集中。村集体、土地合作社将农户的土地承包经营权成片集中起来。步骤二是协议流转。村集体、土地合作社代表农户与需求主体签订合同或协议，将土地流转给用地企业、经营大户等。步骤三是收益支付。需求主体将流转收益，包括租金和“工作经费”统一支付给村集体，村集体在扣除“工作经费”之后，将租金支付给农户。

2. 主要特征

特征一是土地流转市场尚未建立。流转信息平台尚未搭建，县(区)、乡镇、

村土地流转服务组织培训和仲裁机构尚未建立。特征二是政府资金支持村集体、村土地流转合作社等流转中介。

(四) S 模式：流转市场和政府职能缺失，自发流转

1. 模式概况

此模式主要是指农户直接将土地流转给经营大户和用地企业。该模式可以概括为：两个主体、两个步骤、有偿或无偿流转。两个主体主要是两个市场参与主体，供给主体为农户，需求主体为用地企业、农业经营大户等。两个步骤中步骤一是协议流转。农户直接与需求主体签订书面或者口头协议，将土地流转给用地企业、经营大户等。步骤二是收益支付。需求主体将土地租金直接支付给农户，如果采取委托代耕的形式，需求主体不用支付土地租金。

2. 主要特征

特征一是土地流转市场未建立。缺乏土地流转信息收集、整理、发布平台；各种配套机构尚未建立；县、乡(镇)等基层政府职责不明确，工作职责等各项制度尚未建立。特征二是政府对村集体、农户以及流入主体缺乏财力支持。没有发挥财政资金在支持农村土地流转中的支持和引导作用。

二、土地承包经营权交易费用及其函数

(一) 交易费用的经验例证

威廉姆森根据资产专用性、交易频率和不确定性三个维度将契约分为不同的类型，从而使交易分析真正成为一种分析工具。Alexandra Benham 和 Lee Benham 都认为，交易成本 C_{ijkm} 应该包括在给定的制度环境 m 中，具备 i 特征的个体，使用一种给定的交易模式 j 为获得 k 这种商品而付出的所有金钱、时间和商品的机会成本。因此，交易成本扣除所有生产成本之外，就是该个体面临的交易费用。他们认为，该分析框架中个体寻求执行一种特定形式的交易面临的机会成本，应不包括市场建设费用，政治制度建设费用，个体创建个人社会网络、获得名誉以及发展与交易相关技能的费用。基于此，他们在全世界范围内选择了大量的交易，并对其中发生的时间和金钱的机会成本进行了详尽的分析。NigelKey、Elisabeth Sadoulet、Alain de Janvry 建立了一个交易费用下的农户供给模型，并且进一步将农户交易费用划分为比例交易费用(PTCs)和固定交易费用(FTCs)，他们认为，PTCs 主要是进入市场的单位费用，包括运输

和不完全市场信息带来的费用。而 FTCs 主要是不随交易物品数量而变动的费用,包括信息搜寻费用,价格谈判费用,筛选、实施和监督费用等。并认为这两类交易费用在解释农户行为的过程中扮演了重要角色。

将交易费用定义为达成该交易投入资源的机会成本(除去商品的生产总成本),通过分析农户、用地主体的交易过程,本文认为能够在以下几个主要环节观察到存在交易费用,或者为存在交易费用提供反证的大量经验例证。

1. 土地集中的交易费用

农户土地集中的交易费用就应该包括该用地主体为集中土地投入的时间、资源的机会成本。而地方政府的补助和奖励措施,可以看作是当地政府在承担土地集中的部分交易费用。

2. 土地信息发布的交易费用

在土地供需信息平台尚未形成,供需双方的信息不能得到有效沟通的情况下,土地供给户往往找不到合适的土地受让者。农户土地承包经营权信息,包括土地面积、区位、等级、意向价格等的收集、发布,建立土地流转档案再传递给合适的用地主体,就需要投入一定的资源,这些资源构成其交易费用的一部分。为了推进土地承包经营权流转,各地方政府在县、镇两级建立土地承包经营权流转信息收集、发布的平台。可以看作是当地政府通过市场建设来减少农户交易费用。

3. 确保合同执行的交易费用

鉴于土地承包经营权的高度专用性,土地承包经营权流转合同具有较高程度的不确定性。为了确保合同的执行,用地企业请村集体和基层政府出面进行协调,需要付出一定的交易费用。用地主体在保证合同正常执行上一般要产生一定的交易费用。

4. 寻找土地信息的交易费用

在土地供需信息平台尚未形成的情况下,需要土地的经营大户、企业往往难以找到合适的土地出让者,信息沟通不顺畅严重制约了土地承包经营权流转。用地主体在寻找合适的土地承包经营权上需要投入一定的资源,形成了交易费用。

5. 签订合同的交易费用

农户和用地主体在签订合同的过程中,需要进行政策咨询和价格协商,发生纠纷之后需要进行协调。需要有专门的服务机构为土地流转双方提供信息指导、政策咨询和法律服务,并且服务机构可以在承包方授权范围内,参与土地流转谈判,并对土地流转合同的订立、变更进行鉴证等。这个过程中农户和用地主体需要承担一定的交易费用。有形市场建设可以看作是政府减少农户、用地主体交易费用的行为。

从调查看，对农户来说，土地集中的交易费用要比土地信息发布、签订合同的交易费用高得多。成都市万春镇农户支付土地集中费用大概为 240～320 元（150 斤～200 斤大米）/（亩・年）。而相对来说，农户发布土地信息、签订合同的机会成本要低得多。而对用地主体来说，相对于寻找土地信息和签订合同，确保合同执行的交易费用则非常高。

（二）农户、用地主体的交易费用函数

鉴于我国严格的耕地保护制度，土地所有权与使用权分离，土地尚未确权，流转市场建设尚不完善，农民养老保障未建立等现实情况，根据威廉姆森对"交易"的重新界定，根据资产专用性、交易频率和不确定性三个维度，将土地承包经营权交易界定为高度资产专用性、低交易频率和高度不确定性的交易，并以经验例证探求农户、用地主体交易费用产生的原因。

本文在分析土地承包经营权交易费用时，提出如下假设：土地承包经营权交易具有高度资产专用性、低交易频率和高度不确定性。专用性资产是指具有特殊用途、具备资产专用性特征的资产。根据我国农地管理制度，土地承包经营权的使用仅限于种植粮食、蔬菜、棉花等农作物，具有高度资产专用性，而资产的专用性越强，其用途就越是单一，风险也就越高，资产的沉没性也就越大，交易过程中任何的波动和不确定性都将给交易双方带来重大损失。因此，高度资产专用性带来的交易不确定性的升高会提高监督费用、确保契约执行费用等交易费用。用地主体（主要指农业规模经营大户、用地企业）通过流入土地发展规模经营，土地连片集中有利于交易。家庭承包制度实现了土地所有权与使用权的分离，农户拥有了承包经营权，极大地促进了农业生产的发展，但同时也出现了土地细碎化等问题。而用地主体需要大规模流转土地来发展规模经营，就导致了农户土地规模过小和土地连片集中的矛盾，对农户来说，土地连片集中有利于流转，而集中土地则需要支付较高的交易费用。

农户需要通过有效途径提供土地供给信息，才能出售土地承包经营权；需求主体需要收集、选择土地供给信息，才能购买土地承包经营权。土地承包经营权市场上的供需双方在交易过程中，都需要支付进入市场的费用。农户流转土地需要支付土地信息进入市场的费用，而用地主体则需要支付收集、选择土地信息等信息搜寻费用。供需双方需要投入资源（包括时间、精力和金钱等）来协商签订土地流转合同。供需双方在协商签订土地契约的过程中，需要支付价格谈判、合同签订与鉴证等交易费用，它可以看作是供需双方投入所有资源的

机会成本。那么,在不考虑市场建设、政治制度建设费用以及与本次交易无关的其他费用的情况下,从农户与用地主体的角度看,我国比较典型的一次土地承包经营权交易应该包括如下主要过程(见图7-1)

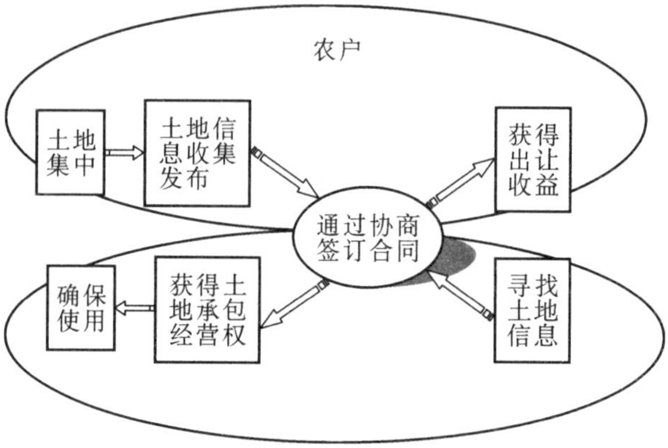

图7-1 用地主体土地承包经营权交易过程

那么,根据以上分析,对农户来说,土地承包经营权交易应主要包括土地集中,信息发布,协商、鉴定合同,获得出让收益等四个步骤。借鉴 NigelKey, Elisabeth Sadoulet, Alain de Janvry 将交易费用划分为比例交易费用(PTCs)和固定交易费用(FTCs)的分析方法,建立起农户、用地主体的交易费用函数。农户的交易费用主要包括土地集中 LC 的费用 C_{lc},土地信息发布 IP 的费用 C_{ip},协商、鉴定合同 CP 的费用 C_{cp}。则农户总的交易费用应该为 C_{lc}, C_{ip}, C_{cp}的线性函数: $C_{TCP} = f(C_{lc}, C_{ip}, C_{cp})$。对用地主体来说,土地承包经营权交易应主要包括寻找合适的土地信息 IS 的费用 C_{is},协商、鉴定合同 CE 的费用 C_{ce},采取保护措施降低不确定性 LU 的费用 C_{lu}。用地主体总的交易费用也应该为 C_{is}, C_{ce}, C_{lu}的线性函数: $C_{TCE} = f(C_{is}, C_{ce}, C_{lu})$。

三、政府主体行为及其对交易费用的影响

(一)四种模式中农户、用地主体的交易费用

根据上文建立的农户、用地主体的交易费用函数,计算四种模式中农户、用地主体的交易费用。

1. M模式中农户、用地主体交易费用

M模式中土地流转市场基本完善，农户信息发布费用可以忽略不计，当地政府对进行土地集中的村集体给予较高的奖励，完全承担了土地集中的交易费用。当地政府建立了政策咨询、纠纷调解的机构，农户签订合同的交易费用得到降低。在这种模式中，农户交易费用：$C_{TCP}=f(C_{lc},\ C_{ip},\ C_{cp})=\chi_1 C_{cp}(0<\chi_1<1)$

同样，用地主体信息收集选择费用可以忽略不计；用地主体签订合同的交易费用得到降低；当地政府对用地主体进行力度大、覆盖面广的补贴和奖励，不确定性的交易费用有效降低，$\theta_1=0$表示当地政府全部承担用地主体消除不确定性的交易费用。用地主体交易费用：$C_{TCE}=f(C_{is},\ C_{ce},\ C_{lu})=\varepsilon_1 C_{ce}+\theta_1 C_{lu}(0<\varepsilon_1<1)(0<\theta<1)$

2. M^-模式中农户、用地主体交易费用

M^-模式中当地政府对村集体等流转中介没有补助和奖励，农户承担土地集中的全部费用；土地流转市场初步建立，农户承担信息发布的部分费用；农户签订合同的交易费用也较高。农户交易费用：$C_{TCP}=f(C_{lc},\ C_{ip},\ C_{cp})=C_{lc}+\beta C_{ip}+\chi_2 C_{cp}(0<\chi_1<\chi_2<1)$。

同样，用地主体承担信息收集选择的部分费用，签订合同的交易费用较高，在当地政府对用地主体进行一定的补贴和奖励的情况下，用地主体承担交易合同不确定性的部分交易费用。用地主体交易费用：$C_{TCE}=f(C_{is},\ C_{ce},\ C_{lu})=\delta_1 C_{is}+\varepsilon_2 C_{ce}+\theta_2 C_{lu}$，其中$(0<\delta<1,\ 0<\varepsilon_1<\varepsilon_2<1,\ 0<\theta_1<\theta_2<1)$。

3. S^+模式中农户、用地主体交易费用

S^+模式中流转市场尚未建立，农户承担信息发布的全部费用。当地政府对村集体、土地流转合作社有了一些奖励措施。农户承担土地集中的部分交易费用。农户交易费用$C_{TCP}=f(C_{lc},\ C_{ip},\ C_{cp})=\alpha C_{lc}+C_{ip}+C_{cp}$，$(0<\alpha<1)$。

这种模式中，用地主体承担信息收集选择的全部费用。当地政府也支持用地主体流转土地，并对其进行一定的补贴和奖励，但力度比M^-模式要小。用地主体交易费用：$C_{TCE}=f(C_{is},\ C_{ce},\ C_{lu})=C_{is}+C_{ce}+\theta_3 C_{lu}$，$(0<\theta_1<\theta_2<\theta_3<1)$。

4. S模式中农户、用地主体交易费用

根据Alexandra Benhirn和Lee Benhirn的理论，在契约执行费用非常高的地方，交易只限于小部分人中，这些人互相了解并且互相信任。只有当契约执行费用降低的时候，交易的范围可以逐步扩展至家族亲戚、部族、社会群体、民族群体，甚至外国人中去。只有在信息、度量和执行费用较低的地方，交易可以在远距离和长时间中发生。从经验上看，农户直接流转给规模经营大户、用

地企业的案例是非常少的，表明 S 模式的交易费用非常高，在这种交易中，农户和需求主体承担全部的交易费用。根据调查，肥西县三河镇某村村民以 300 元/(亩·年)的固定租金将耕地出租给规模经营大户种植粮食，而本村还存在农民将部分耕地抛荒，或者以零租金转给亲戚朋友耕种的现象，可以判断，300 元/(亩·年)的价格就是未将土地出租给经营大户的土地交易费用的机会成本，交易费用很高。这种模式中，农户承担土地集中，土地信息发布，协商、鉴定合同的全部费用。农户交易费用 $C_{TCP} = f(C_{lc}, C_{ip}, C_{cp}) = C_{lc} + C_{ip} + C_{cp}$。

同样，用地主体承担土地信息寻找，协商、鉴定合同，采取保护措施降低不确定性的全部费用。则用地主体交易费用 $C_{TCE} = f(C_{is}, C_{ce}, C_{lu}) = C_{is} + C_{ce} + C_{lu}$。

(二) 农户、用地主体交易费用比较分析

建立起农户-用地主体的向量矩阵和交易费用坐标系，对四种模式中农户、用地主体的交易费用进行综合比较。

1. 农户交易费用比较

设农户交易费用向量矩阵为(C_{lc}, C_{ip}, C_{cp})，M、M^-、S^+ 和 S 模式分别对应的交易费用比例矩阵 $A = (a_1, a_2, a_3, a_4)$，则 M 模式 $a_1 = (0, 0, \chi_1)^T$；M^- 模式 $a_2 = (1, \beta, \chi_2)^T$；$S^+$ 模式 $a_3 = (\alpha, 1\ 1)^T$；S 模式 $a_4 = (1, 1, 1)^T$。且满足以下不等式：

$$\begin{cases} 0 < \alpha < 1 \\ 0 < \beta < 1 \\ 0 < \chi_1 < \chi_2 < 1 \end{cases} \tag{1}$$

设四种模式中农户交易费用矩阵 $C_1 = (C_{11}, C_{12}, C_{13}, C_{14})$，

$$\begin{aligned} \text{则}\ (C_{11}, C_{12}, C_{13}, C_{14}) &= (c_{lc}, c_{ip}, c_{cp})A \\ &= (c_{lc}, c_{ip}, c_{cp}) \begin{pmatrix} 0 & 1 & \alpha & 1 \\ 0 & \beta & 1 & 1 \\ \chi_1 & \chi_2 & 1 & 1 \end{pmatrix} \\ &= (\chi_1 c_{cp}, c_{lc} + \beta c_{ip} + \chi_2 c_{cp}, \alpha c_{lc} + c_{ip} + c_{cp}, c_{lc} + c_{ip} + c_{cp}) \end{aligned}$$

从调查来看，农户的土地集中费用 C_{lc} 要远远高于土地信息发布、签订合同的交易费用，并占了其交易费用的大部分。因此有：$\alpha C_{lc} + C_{ip} + C_{cp} < C_{cp} + \beta C_{ip} + \chi_2 C_{cp}$。

在满足不等式(1)情况下即有：$0 < C_{11} < C_{13} < C_{12} < C_{14}$ (2)

也就是说，从农户交易费用的角度看，有：0 < M 模式 < S^+ 模式 < M^- 模式 < S 模式。

2. 用地主体交易费用

设用地主体交易费用向量矩阵为(C_{is}, C_{ce}, C_{lu}), M、M^-、S^+和S模式中用地主体对应的交易费用比例矩阵 $B=(b_1, b_2, b_3, b_4)$,则M模式 $b_1=(0, \varepsilon_1, \theta_1)^T$;$M^-$模式 $b_2=(\delta_1, \varepsilon_2, \theta_2)^T$;$S^+$ 模式 $b_3=(1, 1, \theta_3)^T$;S模式 $b_4=(1, 1, 1)^T$。

且满足以下不等式:

$$\begin{cases} 0<\delta_1<1 \\ 0<\varepsilon_1<\varepsilon_2<1 \\ 0\leqslant\theta_1<\theta_2<\theta_3<1 \end{cases} \tag{3}$$

设四种模式中用地主体交易费用矩阵 $C_2=(C_{21}, C_{22}, C_{23}, C_{24})$

则$(C_{21}, C_{22}, C_{23}, C_{24})=(c_{is}, c_{ce}, c_{lu})B$

$$=(c_{is}, c_{ce}, c_{lu})\begin{pmatrix} 0 & \delta_1 & 1 & 1 \\ \varepsilon_1 & \varepsilon_2 & 1 & 1 \\ \theta_1 & \theta_2 & \theta_3 & 1 \end{pmatrix}$$

$$=(\varepsilon_1 c_{ce}+\theta_2 c_{lu}, \delta_1 c_{is}+\varepsilon_2 c_{ce}+\theta_2 c_{lu}, c_{is}+c_{ce}+\theta_3 c_{lu}, c_{is}+c_{ce}+c_{lu})$$

在满足不等式(3)的情况下有:

$$0<\varepsilon_1 c_{ce}+\theta_1 c_{lu}<\delta_1 c_{is}+\varepsilon_2 c_{ce}+\theta_2 c_{lu}<c_{is}+c_{ce}+\theta_3 c_{lu}<c_{is}+c_{ce}+c_{lu}$$

即:

$$0<C_{21}<C_{22}<C_{23}<C_{24} \tag{4}$$

从用地主体交易费用的角度看,有:0<M模式<M^- 模式<S^+ 模式<S模式。

(三)政府主体行为对农户、用地主体交易费用的影响

1. 四种模式中政府主体行为比较

根据制度学派的观点,个人、企业和政府是市场经济体制中三个基本的行为主体,每个行为主体都有自己的行为目标函数,这就是收益最大化,而衡量的标准则是交易成本的高低。Andrew G. Walder 认为,“财政包干,分灶吃饭”的财政体制改革刺激了中国地方政府谋求经济发展以获取较大的财政收益,导致了经济转型中政府行为和角色的转变。Arild Angelsen 运用博弈论模型,利用三个典型的林地分配案例来分析美国当地政府和联邦政府在林地资源竞争和市场整合中的行为。邹东涛、席涛认为政府是宏观经济的行为主体,其目标函数是经济发展。李霄运用博弈论模型对土地流转市场中政府干预市场作了较

为深入的分析。元露丰等对农村土地使用权流转过程中流入方与流出方的成本、收益和交易费用进行了分析，认为需要遵循诱致性制度变迁的原则，加强政府强制性制度变迁来促进土地流转。本文借鉴前人的研究成果，认为地方政府有自身的目标函数，在推动土地流转过程中会综合考虑经济发展、政绩和税收等重要目标；本文通过比较不同模式中政府主体行为，进而分析政府主体行为在降低农户、用地主体的交易费用，增加制度供给方面的作用。

在 M 模式中，土地流转起步较早，对经济发展的贡献很明显，当地政府主要以促进经济发展为目标推动土地流转。因此，当地政府加快建立和完善了土地流转市场，并对部分土地流出农户、进行土地集中的村集体以及用地主体给予较高的奖励。

在 M^- 模式中，当地政府以取得政绩和增加税收收入为目标推动土地流转。通过推动土地承包经营权流转，发展高效农业，增加农民收入，地方政府增加了税收、取得了政绩。这个模式中，土地流转市场初步建立，当地政府只对大规模流入土地的用地主体进行一定的资金奖励。通过农用地流转，政府获得可观的税收。

在 S^+ 模式中，土地流转起步较晚，对税收收入和经济发展的贡献不大，当地政府主要是以取得政绩为目标推动土地流转。这种模式中，土地流转市场尚未建立，当地政府对进行土地集中的村集体、土地流转合作社进行一定的资金奖励，同时也对用地主体进行一定的补贴和奖励，但力度小、范围窄。

表 7－1　政府行为对农户、用地主体交易费用的影响

模式	政府主体行为	投入	农户交易费用	用地主体交易费用
M 模式	奖励供给方	＋＋＋		
	建立流转市场	＋＋＋		
	奖励需求方	＋＋＋		
M^- 模式	奖励供给方			
	建立流转市场	＋＋	＋＋	＋
	奖励需求方	＋＋		
S^+ 模式	奖励供给方	＋＋		
	建立流转市场		＋	＋＋
	奖励需求方	＋		
S 模式	奖励供给方			
	建立流转市场		＋＋＋	＋＋＋
	奖励需求方			

在S模式中,土地流转对促进当地经济发展、增加税收收入、提高基层政府政绩评价的作用有限。土地流转主要以农户之间的委托代耕为主,一般是无偿流转,或者获得的转租金非常低。农户自发将土地流转给规模经营主体,并获得一定租金的情况比较少。在这种模式中,当地政府没有激励去建设土地流转市场,也不会拿出财政资金去奖励土地流转市场参与主体来促进土地流转。

2. 四种模式中农户、用地主体交易费用比较

通过以上的分析,综合(2)、(4)式,对四种模式中农户、用地主体的交易费用进行比较,有:$0 < C_{11} < C_{13} < C_{12} < C_{14}$ $0 < C_{21} < C_{22} < C_{23} < C_{24}$ 即:

农户交易费用:0<M模式<S^+模式<M^-模式<S模式;用地主体交易费用:0<M模式<M^-模式<S^+模式<S模式。以农户交易费用为纵坐标,用地主体交易费用为横坐标,建立农户-用地主体交易费用坐标系,将四种模式进行划分(见图7-2)。政府主体行为对农户、用地主体交易费用的影响从政府主体行为看,在四种主要模式中,政府主体行为对农户、用地主体交易费用有直接的影响。

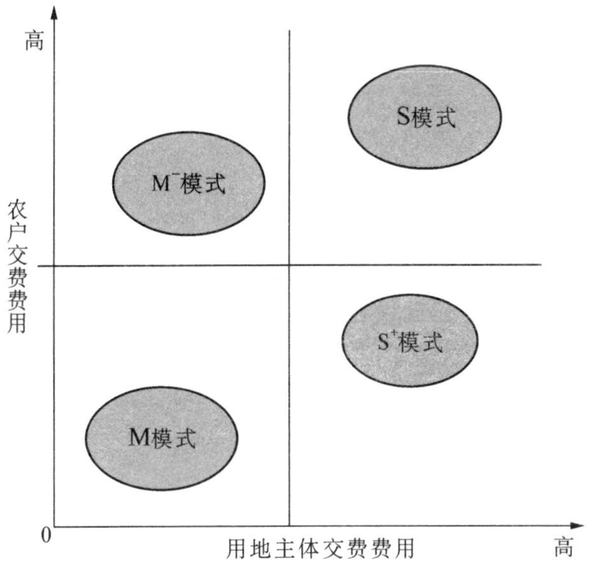

图7-2 四种模式中农户、用地主体交易费用比较

$$\begin{cases} \text{农户交易费用: } 0 < \text{M模式} < S^+\text{模式} < M^-\text{模式} < \text{S模式} \\ \text{用地主体交易费用: } 0 < \text{M模式} < M^-\text{模式} < S^+\text{模式} < \text{S模式。} \end{cases}$$

以农户交易费用为纵坐标,用地主体交易费用为横坐标,建立农户-用地主体交易费用坐标系,将四种模式进行划分。

四、结论和政策建议

通过对四种主要模式中政府主体行为、农户、用地主体交易费用的比较分析,本文认为降低农户、用地主体的交易费用是完善农村土地流转制度,促进土地承包经营权有序流转的有效途径。而降低交易费用,就需要突出政府服务职能,有效增加制度供给,建立土地承包经营权流转市场,健全集体参与机制,建立纠纷解决机制,确保农民在土地流转中的主体地位,并对土地股份合作社进行有益探索。

(一) 建立土地承包经营权流转市场,有效降低供需双方信息沟通、合同签订的交易费用

建立健全土地承包经营权流转有形市场,有效降低供需双方信息沟通交易费用。要建立土地市场供求信息的收集与发布、农业产业的开发和项目引进等服务平台。土地承包经营权流转供需双方信息沟通不顺畅的问题制约了土地承包经营权正常流转,增加了农户与用地主体的交易费用。因此,推进土地承包经营权流转需要建立土地供需信息收集、发布平台。二是要注意建设土地承包经营权流转无形市场,降低土地供需双方的合同签订、价格谈判等交易费用。第一是建立价格形成机制,提倡以稻谷、油菜籽等实物作价,把稻谷、油菜籽等作为硬通货商定土地流转价格。第二是建立分类定价机制,根据土地区位优劣、流入户种植的作物、流转期限等确定不同的价格。第三是建立价格调整机制,流转价格每隔一定时期要进行一次调整,确保流转合同的合理价格。第四是建立合同签订与鉴证、政策咨询、纠纷调解、档案管理等配套机构,降低供需双方签订合同的交易费用。

(二) 健全集体参与机制,降低农户土地集中的交易费用

在大部分地区,土地集中连片才能实现规模经营,农民只有将土地集中连片才能实现流转。一般说来,农民只有通过村集体才能集中土地,而后者集中土地则需要获取一定的经济利益。大部分地区村集体将本村(组)土地集中起来统一流转给用地主体,能够获得一定的“工作经费”,这一部分经济利益实际上主要是农户为土地集中而支付给村集体的交易费用。在多数地区,这些“工

作经费”直接支付给了村干部，经费使用不够透明。因此，健全集体参与机制，建立和完善村集体经济组织，明确其地位和职责，健全其职能，建立村集体“流转工作经费”使用的监督约束机制，使得这些“工作经费”能够有效为农户与用地主体服务，真正做到取之于民、用之于民，有效降低农户与用地主体的交易费用，促进土地承包经营权健康有序流转。

（三）建立纠纷解决机制，降低不确定性

在我国农村的养老、医疗、社会救助等社会保障体系还不健全的情况下，部分农民主要还是依靠土地收入解决看病、上学、养老等问题，这些农民把土地作为最基本的生活保障来看待。农民流转了土地之后，不执行土地合同、要求修改土地合同、发生矛盾纠纷的情况时有发生，这也说明土地承包经营权交易具有高度的不确定性。因此，要进一步降低土地流转的不确定性，减少用地主体的交易费用。一是要建立矛盾预防机制。进一步完善土地确权工作，妥善解决土地遗留问题，做到先解决问题，再进行流转。二是要及时处理流转矛盾纠纷，纠正和查处违背农民意愿强迫流转等问题。三是完善土地承包经营权流转纠纷调解机制，加快农村土地承包经营权纠纷仲裁机构建设，建立健全协商、调解、仲裁、诉讼为主要内容的土地承包和流转纠纷解决制度，依法开展农村土地承包和流转纠纷的仲裁，维护农民的土地承包经营权正当权益，促进土地健康流转。四是政府要帮助农户、合作社与企业、经营大户等投资主体协商建立合理的利益分配机制，让农民从土地经营中获得进一步的收益，消除纠纷隐患。

（四）确保农民在土地流转中的主体地位，降低农户的交易费用

农民的土地承包经营权是包括占有、使用、收益这三项权利在内的用益物权。在土地承包经营权流转中，农民是流转的主体。然而，从实际情况看，农民的流转主体地位往往受到侵害。农民在争取自己的合法权益方面需要付出较高的交易费用。因此，确保农民在土地流转中的主体地位，有效降低农户的交易费用，需要进一步做好以下四点：一是地方政府要开展土地确权工作，做好农村土地确权、登记、颁证工作，进一步明晰土地产权；二要加大宣传力度，让普通农民了解土地承包经营权的具体权利，知道在土地流转中自己享有的权益；三要清晰界定集体与农户土地权利之间的界限，规范村集体代表农民流转土地的程序，明确村集体在土地流转中的地位和职责，保障农民对土地的占有、使用、收益等权利；四要依法保障农户的主体地位，惩处基层干部、村干部越权流转、私自流转等侵害农民承包地权利的行为。

（五）土地股份合作社是降低土地集中费用、不确定性的有益探索

农民以土地承包经营权作价出资入股农民专业合作社，发展多样化的联合与合作，能有效地把土地集中起来、连片开发，是把农业生产要素合理地整合起来、降低土地集中费用的较好方式。同时，土地股份合作社能够保护用地主体的合理权益，降低不确定性，减少用地主体的交易费用。

一是降低了土地集中费用。农民以土地承包经营权入股组成专业合作社，入股土地由合作社经营，或对外发包给规模经营大户（公司）经营，农民按照土地股份取得收益。这种情况下，农民能够自发快速地将土地集中起来，进行农业规模经营，有效降低土地集中费用。二是降低用地主体的不确定性。用地主体从土地合作社中租用农民的土地承包经营权。合作社具有法人地位，用地主体直接和合作社打交道时土地合同的执行费用、谈判费用，特别是为降低不确定性支付的交易费用要低得多。

参考文献

[1] Shelanski, Howard, Peter Klein. Empirical Research in Transaction Cost Economics: A Review of the Evidence. The Journal of Law, Economics and Organization, Vol. 11, No. 2 (Oct., 1995): 335-361.

[2] Alexandra Benham, Lee Benham. Measuring the Costs of Exchange. The Second Annual Meeting of the International Society for New Institutional Economics, September 17-19, 1998.

[3] 孔祥智，伍振军，张云华. 我国土地承包经营权流转的特征、模式及经验——浙、皖、川三省调研报告[J]. 江海学刊，2010(2)：87—92.

[4] 张云华，伍振军. 浙江省土地承包经营权流转调查报告[R]. 国务院发展研究中心《调查研究报告》，2009 年第 67 号.

[5] 张云华，伍振军. 成都市土地承包经营权流转主体行为剖析[R]. 国务院发展研究中心《调查研究报告》，2009 年第 181 号.

[6] Oliver E Williamson. Markets and Hierarchies: Some Elementary Considerations. The American Economic Review, Vol. 63, No. 2, Papers and Proceedings of the Eighty-fifth Annual Meeting of the American Economic Association (May, 1973): 316-325.

[7] Nigel Key, Elisabeth Sadoulet, Alain de Janvry. Transactions Costs and Agricultural Household Supply Response. American Journal of Agricultural Economics, Vol. 82, No. 2. (May, 2000): 245-259.

[8] Andrew G Walder. Local Governments as Industrial Firms: An Organizational Analysis of China's Transitional Economy. The American Journal of Sociology, Vol. 101, No. 2. (Sep., 1995): 263-301.

[9] Arild Angelsen. Playing Games in the Forest State-Local Conflicts of Land Appropriation

[J]. Land Economics, 2001,77(2): 285 - 299.
[10] 邹东涛,席涛.制度变迁中个人、企业和政府行为主体的经济分析[J].北京大学学报(哲学社会科学版),2002,39(2): 6—14.
[11] 李霄.农村土地使用权流转的博弈分析[J].农业经济问题,2003(12): 4—7.
[12] 元露丰,欧阳高晖.农村土地使用权流转的制度经济学分析[J].华中农业大学学报(社会科学版),2005,(5): 15—18.

第八章

农村集体经营性建设用地的政策演进与学术论争[①]

现阶段,我国经济增长要素供给发生了根本性变化,尤其是"土地宽供应"在下一轮经济发展中难以为继。土地要素已成为制约我国经济发展的瓶颈。在此背景下,农村集体经营性建设用地入市更显得紧迫。《中共中央关于全面深化改革若干重大问题的决定》(以下简称《决定》)提出:"在符合规划和用途管制前提下,允许农村集体经营性建设用地出让、租赁、入股,实行与国有土地同等入市、同权同价。"允许集体经营性建设用地入市,成为《决定》的亮点之一,也是新一轮土地制度改革的突破点。学术界围绕相关问题展开了研讨,对农村集体经营性建设用地入市总体持支持态度,但同时强调要妥善解决入市面临的一系列问题。部分省市已开展此方面的实践,但其中隐含土地范畴扩大化、农民收益难保障、不符合规划和用途管制等诸多风险。推进集体经营性建设用地入市,应明确集体经营性建设用地的内涵、范畴及权能;完善价格形成机制,建设农村集体经营性建设用地有形、无形市场;完善土地收益分配机制,明确收益使用范围;保障农民决策权和知情权;明晰政府规划、管理、监督、服务等职能。

一、农村集体经营性建设用地入市相关政策演进

分析农村集体经营性建设用地入市问题,首先要对农村集体经营性建设用地的内涵进行界定,继而分析其产权基础,梳理相关政策演变轨迹。

(一) 农村集体经营性建设用地的界定

农村集体土地可分为三大类:一是农用地,是指用于农业生产的土地,包

① 作者:伍振军、林倩茹,本章成稿时间为 2014 年,本章大部分内容以《农村集体经营性建设用地的政策演进与学术论争》为题,发表在《改革》2014 年第 2 期上。

括耕地、林地、草地、养殖水面等；二是农村集体建设用地，包括宅基地、公共设施用地以及农村集体经济兴办乡村(镇)企业的经营性用地(冯华、陈仁泽，2013)；三是指未利用土地和荒地等。农村集体经营性建设用地就是指兴办乡村(镇)企业等具有生产经营性质的农村建设用地，不包括农民宅基地和农村公共设施用地。

(二) 农村集体经营性建设用地权能拓展

从2004年《国务院关于深化改革严格土地管理的决定》中"农民集体所有建设用地使用权可以依法流转"，到2008年党的十七届三中全会提出逐步建立城乡统一的建设用地市场的改革目标，再到《决定》提出的"在符合规划和用途管制前提下，允许农村集体经营性建设用地出让、租赁、入股，实行与国有土地同等入市、同权同价"，集体经营性建设用地的权能从占有、使用、收益的权利逐步拓展到占有、使用、收益、处分权利。农村集体经营性建设用地权能的进一步拓展，为建立城乡统一的建设用地市场提供了权利保障。

(三) 农村集体经营性建设用地入市政策演进轨迹

一直以来，农村集体经营性建设用地入市都是备受社会各界关注的问题，党和政府相应的政策成为全国各地推动农村集体建设用地入市的主要依据(见表8-1，下页)。大体说来，农村集体经营性建设用地入市经历了严格控制、初步探索、逐步放开三个阶段。

一是严格控制阶段(改革开放至20世纪90年代末)。这一时期国家对农村集体经营性建设用地入市进行严格管控。1992年颁布的《国务院关于发展房地产业若干问题的通知》规定：集体所有土地不得直接出让。1998年修订的《土地管理法》规定：农民集体所有的土地使用权不得出让、转让或者出租用于非农业建设。1999年《国务院办公厅关于加强土地转让管理严禁炒卖土地的通知》禁止城镇居民在农村买房置地。政府对农村集体建设用地入市进行一刀切管理，个人不得私自流转农村集体建设用地。实际上，在广东省等经济发达地区，由于有对土地的强烈需求，农村集体建设用地隐性市场一直存在。

二是探索阶段(21世纪初至2008年)。这一时期是农村集体经营性建设用地入市的探索阶段。2004年《国务院关于深化改革严格土地管理的决定》提出"在符合规划的前提下，村庄、集镇、建制镇中的农民集体所有建设用地使用权可以依法流转"。2005年《关于规范城镇建设用地增加与农村建设用地减少相挂钩试点工作的意见》发布，我国开始在浙江、江苏和四川成都等地试点城镇建设用地增加与农村建设用地减少挂钩，即"增减挂钩"政策。这一时期工业化与城镇化对土地的需求快速上升，中央也开始在部分地区进行试点推进，部分地区农村集体建设用地管理制度改革创新取得了积极进展。

三是逐步开放阶段(2008 年至今)，这一时期农村集体经营性建设用地入市步入了逐步开放阶段。2008 年《中共中央关于推进农村改革发展若干重大问题的决定》提出建立“城乡统一的建设用地市场”的改革目标。2009 年《关于促进农业稳定发展农民持续增收推动城乡统筹发展的若干意见》再次提出逐步建立城乡统一的建设用地市场。2013 年《决定》提出在符合规划和用途管制前提下，允许农村集体经营性建设用地入市。党和政府逐步放宽了农村集体经营性建设用地入市限制，是促进社会主义市场经济发展的有力举措。

表 8-1　集体经营性建设用地入市的政策脉络

时间	文件名称	相关表述
1992 年 11 月	《国务院关于发展房地产业若干问题的通知》	集体所有土地，必须先行征用转为国有土地后才能出让。
1998 年 8 月	《土地管理法》(修订)	农民集体所有的土地的使用权不得出让、转让或者出租用于非农业建设；但是，符合土地利用总体规划并依法取得建设用地的企业，因破产、兼并等情形致使土地使用权依法发生转移的除外。
1999 年 8 月	《国务院办公厅关于加强土地转让管理严禁炒卖土地的通知》	农民的住宅不得向城市居民出售，也不得批准城市居民占用农民集体土地建住宅，有关部门不得为违法建造和购买的住宅发放土地使用证和房产证。
2004 年 10 月	《国务院关于深化改革严格土地管理的决定》	在符合规划的前提下，村庄、集镇、建制镇中的农民集体所有建设用地使用权可以依法流转。
2005 年 10 月	《关于规范城镇建设用地增加与农村建设用地减少相挂钩试点工作的意见》	在浙江、江苏和成都等地试点城镇建设用地增加与农村建设用地减少挂钩，即“增减挂钩”政策。
2008 年 10 月	《中共中央关于推进农村改革发展若干重大问题的决定》	提出了逐步建立城乡统一的建设用地市场等改革目标。提出在土地利用规划确定的城镇建设用地范围外，经批准占用农村集体土地建设非公益性项目，允许农民依法通过多种方式参与开发经营并保障农民合法权益。
2009 年 8 月	《关于促进农业稳定发展农民持续增收推动城乡统筹发展的若干意见》	加快农村土地确权登记，规范集体建设用地流转，逐步建立城乡统一的建设用地市场。
2012 年 12 月	《中共中央国务院关于加快发展现代农业进一步增强农村发展活力的若干意见》	严格规范城乡建设用地增减挂钩试点和集体经营性建设用地流转。农村集体非经营性建设用地不得进入市场。
2013 年 11 月	《中共中央关于全面深化改革若干重大问题的决定》	在符合规划和用途管制前提下，允许农村集体经营性建设用地出让、租赁、入股，实行与国有土地同等入市、同权同价。

二、农村集体经营性建设用地入市的关键问题及其争论

总体来看,关于农村集体经营性建设用地入市的争论主要集中在两方面:一是能不能入市,二是如何入市。

(一) 能不能入市

部分学者支持入市,认为集体经营性建设用地入市能提高土地资源配置效率、保护农民权益、促进经济发展、推进土地制度改革。蒋省三等(2003)指出,农村集体建设用地隐性市场客观存在,一些地方政府出台的相关政策为集体建设用地合法进入市场作了重要的政策准备。他们阐述了农村集体建设用地合法入市的必要性。陈贤秋(2008)认为,应允许集体建设用地入市,这样有助于提高资源配置效率,促进经济发展。谭术魁等(2008)认为,允许集体建设用地入市,可以增加农民收益。周其仁(2013)认为,现行的土地征收制度意味着农民并没有对集体土地的处分权,实质就是没有土地财产权,因此也就无法获得土地出让后的大部分增值收益。"农地入市"可提高农民的议价权,打破土地市场的高度垄断,推进土地制度改革。也有部分学者持谨慎态度,认为与集体经营性建设用地入市关联的法律法规有待健全、市场运作不规范、农民的权益容易受到损害、相关的配套措施并不完善等。顾海英等认为,在现有法律约束下,农民行使土地控制权的有限行为能力受到控制。[1]张雪琴等认为,土地所有权归属不清,土地产权关系混乱,产权交易缺乏保障,利益分配关系混乱。[2]部分学者担心集体建设用地使用权流转过程中可能会出现"无法可依"的局面,并且"农民集体"缺乏明确的法人代表,土地使用权限制过多,缺乏处分权和收益权等。集体建设用地难以入市,即便入市,在土地收益分配等问题上容易产生纠纷,损害农民利益。王晓霞等认为,集体建设用地存在所有权主体悬空、使用主体严格限制、权能残缺不全等诸多问题,相关配套措施不完善。[3]朱新华等认为,市场体制的不完善、土地配置低效以及公共物品供给不足等,也制约着集体经营性建设用地入市。[4]

(二) 入市面临的问题

学者们普遍认同农村集体经营性建设用地入市是社会主义市场经济发展的必然趋势,但在入市过程中也存在土地产权归属不清、收益分配机制不完善、政策法律法规约束难以解决等诸多挑战。这些问题若得不到妥善解决,将成为

农村集体经营性建设用地入市的阻碍，并可能引发一系列社会矛盾。

一是土地产权归属不清。《土地管理法》规定，农村土地归农民集体所有，但农民集体不是法律意义上的组织，不具有法律主体地位，这就造成农村土地归属权不清，而产权归属不清会影响土地入市。王安春认为，集体建设用地所有权归属不清、使用权受过多限制、处分权和收益权残缺等产权制度障碍阻碍着土地入市。可见，解决产权制度障碍已是当务之急。[5]

二是收益分配机制不完善。现阶段，农村集体建设用地入市后所获得的收益没有明确的分配机制。收益划分缺乏理论依据，也缺乏统一指导与法律规范。刘丽等认为，农村集体建设用地“入市”收益分配具有较大的随意性，容易出现纠纷。[6]若缺乏明确的利益分配机制，农民的合法收益就难以得到保障。

三是可能会损害地方政府利益。部分学者认为，农村集体建设用地入市，将增加政府征地的难度，政府通过征地“低进高出”获得财政收入的方式将不得不改变。各级地方政府从自身利益出发，可能会对入市设置障碍。鉴于此，温铁军(2013)强调，“同等入市、同权同价”将打破长期以来土地被地方政府垄断的格局，也将打破长期以来土地市场由政府与开发商分肥的利益格局。

四是法律法规约束。与农村集体经营性建设用地入市相关的法律法规还不够完善，现行的《土地管理法》依然约束着农村土地入市。杨珍惠认为，集体建设用地入市与《土地管理法》相违背，国家法律的尊严会受到损害，对国家政治、经济各方面造成的危害不可估量。[7]顾海英、赵德余认为，因为土地集体所有权与使用权在法律上没有明确规定和保障，导致土地入市难以管理。[8]陈美球等认为，政策法律法规的约束在某种程度上会成为集体建设用地入市的瓶颈，延缓或阻碍集体建设用地入市。[9]总之，若不及时对原有的法律法规进行修订，集体经营性建设用地入市就缺乏法律保障。

三、集体建设用地入市的地方实践

农村集体建设用地使用权流转在全国范围内日益普遍。近年来，广东、湖北、河北等省陆续出台了关于农村集体建设用地使用权流转的规章制度，在土地使用权范畴界定、土地出让方式、土地用途、收益分配及使用等方面作了一些探索，积累了有益经验，也出现了一些问题。

（一）集体建设用地入市的地方实践

2005 年，广东省出台了《集体建设用地使用权流转管理办法》，对集体建设用地入市作出比较明确的规定。在土地范围上，要求符合土地利用规划、权属没有争议、土地权利范围不受限制、非村民住宅用地。在土地用途上，明确规定了集体建设用地的用途包括三大类项目：兴办各类工商企业，包括国有、集体、私营企业，个体工商户，外资投资企业，股份制企业，联营企业等；兴办公共设施和公益事业；兴建农村村民住宅。在出让方式上，规定"以集体建设用地使用权作价入股(出资)，与他人合作、联营等形式共同兴办企业的，视同集体建设用地使用权出让"，并允许集体土地使用权自由出让、转让、出租和抵押。在保障农民知情权和决策权方面，规定必须经本集体经济组织的村民会议 2/3 以上成员或 2/3 以上村民代表同意。在土地收益分配及使用上，规定："集体土地所有者出让、出租集体建设用地使用权所取得的土地收益应当纳入农村集体财产统一管理。其中 50%以上应当存入银行(农村信用社)专户，专款用于本集体经济组织成员的社会保障安排，不得挪作他用。"

2006 年湖北省出台了《农民集体所有建设用地使用权流转管理试行办法》，对集体建设用地入市作了一系列规定。在土地范围上，将适用流转的集体建设用地使用权界定为"符合土地利用总体规划和城市规划的村庄、集镇、建制镇中权属合法、界址清楚的集体建设用地使用权"。在收益分配及使用上，规定"集体土地所有者取得的土地收益应当纳入农村集体财产统一管理，专项用于本集体经济组织成员的社会保障、被安置人员的生活补助、发展生产、偿还村集体债务等，不得挪作他用"，并规定"集体经济组织应将取得的土地收益及其使用情况向集体经济组织成员公开，并接受监督"。在土地用途上，则规定"必须符合土地利用总体规划和村镇规划，在城市规划区内的必须符合城市规划"。虽然该文件对集体建设用地的使用权、收益分配及用途作出了相关规定，但存在土地范畴界定不清晰、出让方式不明确等问题。在利润分配上，虽然规定应纳入农村集体财产统一管理，但并未给出具体的利益分配办法，这使得农民收益难以保障。

2008 年河北省《集体建设用地使用权流转管理办法(试行)》颁布，对集体建设用地入市作了相应的规定。在土地范畴上，把适用流转的集体建设用地使用权界定为"乡镇企业和乡(镇)村公共设施、公益事业建设用地，以及其他经依法批准用于非住宅建设的集体所有土地"，并明确规定住宅用地不得进行流转。在入市方式上，界定为在土地所有权不变的前提下，出让、出租、转让、转租和抵押集体建设用地使用权的行为。在利益分配上，文件规定"集体建设用地使用权出让、出租取得的土地收益属所有权人所有，其他单位和个人不得截留或者挪用"。该文件的一个重要特点是在土地收益分配上，明确规定土地收益属所有权人所有，把地方政府和其他单位排除在收益分配主体之外，但未能清晰界定所有权人范畴，也缺乏相应的管理和监督机制。

2008 年，重庆市颁布《重庆市农村土地交易所管理暂行办法》，推进农村集体建设用地入市。在土地范畴上，把“地票”界定为“农村宅基地及其附属设施用地、乡镇企业用地、农村公共设施和公益事业建设用地等农村集体建设用地复垦为耕地后，可用于建设的用地指标”。在入市方式上，主要是“地票”（指标）入市，当然也有一部分实物交易，也就是农村集体建设用地使用权交易。“地票”入市首先需要土地权利人（包括农村集体经济组织、农民家庭及拥有土地权属的其他组织）向区县（自治县）国土资源行政主管部门提出土地复垦立项申请，经批准后复垦所立项的土地；在土地复垦完毕后，复垦方向区县（自治县）国土资源行政主管部门提出农村土地复垦质量验收申请；区县（自治县）国土资源行政主管部门按规定组织验收，验收合格后，按照重庆市土地复垦有关规定，向重庆市国土资源行政主管部门申请确认并核发城乡建设用地指标凭证。“地票”通过市场公开、公平拍卖，在全市范围内进行流转，并规定必须在交易所内进行方能生效。“地票”的实施，将农户的闲置宅基地等建设用地复垦为耕地，盘活了农民的土地资产，增加了农民的财产性收入，在一定程度上满足了城镇扩张对土地的需求。

（二）集体建设用地入市可能存在的风险

第一，土地范畴扩大化。在各地区出台相关土地流转政策时，不难发现对于土地范畴并没有一个统一的标准，部分地区甚至包括宅基地。在农民宅基地用益物权的权利内涵和实现形式尚不清晰，农民对宅基地拥有排他的使用权、收益权、转让权、处分权、抵押权、担保权等权利尚未明确的情况下，推进农民宅基地入市隐含较大风险。同样，若公共公益设施建设用地纳入入市范畴，今后农村公共公益设施建设所需土地也难以保证，因此推进公共公益设施建设用地入市，会影响农村经济社会发展进程。

第二，农民收益难保障。在集体建设用地入市的收益分配上，虽然相关政策作出了规定，但在实际操作过程中，农民对集体建设用地的完整、稳定、合法的权益难以保障。近年来，各地推行的“增减挂钩”“宅基地换房”“万顷良田”、村庄整理等，有的演变为地方政府低成本占用农民宅基地和集体建设用地，获取大量城市和工业建设用地，赚取巨额土地出让收益的过程。[1]

第三，不符合规划和用途管制。土地使用必须符合规划和用途管制。在城镇化过程中，土地工业用途或者是公共公益设施用途，都会在地方的控制性详细规划中予以明确，以便建设水、电、交通等市政公用设施和文体基础设施配套等。这些规划涉及部门多、手续繁杂，短期难以改变。若土地使用不符合当地城镇规划，不仅土地使用项目难以获得相关部门的审批，也会使得城镇发展陷入混乱。

四、农村集体经营性建设用地入市的操作方略

规范农村集体经营性建设用地入市，有效增加土地供应，已是我国城镇化发展的迫切需要。我国建设用地供需矛盾较为突出，供需缺口必须通过农村集体经营性建设用地入市来弥补。因此，应尽快在国家层面出台相关法律法规，下力气解决土地范畴界定、市场建设、用途管制、收益分配使用等重大问题，切实维护农民合法权益，推进集体经营性建设用地顺利入市。

（一）明确集体经营性建设用地的内涵、范畴及权能

在相关制度尚未完善的情况下，若把所有类型的农村集体建设用地使用权推向市场、完全放开，则很容易失控。实际上，各地区对于入市的集体建设用地使用权的界定不尽相同，部分地区甚至把农民宅基地都纳入到入市范畴。为此，必须分类推进集体建设用地入市，这就要求对农村集体经营性建设用地明确分类，在确权登记、明晰产权的基础上，从符合规划、权属明晰的经营性集体建设用地做起，把农民宅基地、公共公益设施用地排除在外，这样可以降低风险，也有助于推行。

与此同时，必须明确集体经营性建设用地的用益物权特性，在原有的占有、使用、收益权能基础上，明确赋予集体经营性建设用地处分权，包括抵押权、担保权等权利。农村集体经营性建设用地缺乏抵押权、担保权，就难以进入金融市场。农户、村集体资金不足，难以对集体经营性建设用地进行有效的开发并获取增值收益。为此，应修订《担保法》中农村集体建设用地不能抵押的限制性条款，赋予农村集体建设用地抵押、担保权能，允许集体经营性建设用地进入金融市场。

（二）完善价格形成机制，培育农村集体经营性建设用地有形、无形市场

农村集体经营性建设用地使用权交易范围的扩大，要求建立土地供需信息平台，构建农村集体经营性建设用地使用权有形和无形市场。建议地方政府在国有土地交易市场的基础上，增加农村集体经营性建设用地入市交易的服务、管理功能，建立城乡统一的土地交易中心，探索国有建设用地和农村集体建设

用地“两种产权、同一市场、统一管理”的新途径。一方面要建立交易信息收集、发布的平台，建立合同签订与鉴证、政策咨询、纠纷调解等配套机构，有条件的地区，可以利用国有土地交易市场基础设施，建立健全农村集体经营性建设用地有形市场。另一方面，要健全市场价格形成机制，参照国有土地使用权公开交易的程序和办法，通过土地交易市场招标、拍卖、挂牌等方式进行。充分发挥土地市场的作用，建立起价格形成的监督机制，以保证价格形成过程的公开公正。

（三）完善土地收益分配机制，明确收益使用范围

现阶段，推进集体经营性建设用地入市工作重点是出台相关政策，明确收益分配主体，完善收益分配制度，尤其是要明确政府不能参与收益分配。政府应当是市场的监管者，不是市场主体，其收益主要通过建立不动产制度，征收土地增值税来实现。可借鉴区段征收制度，设定农民收益底线，使农民分享城镇化、工业化带来的土地增值收益。

同时，要明确土地收益使用范围。除宅基地之外的集体经营性建设用地是农民集体的共有财产，其收益应主要用于建设农村公共基础设施和完善农村基本公共服务。从长期来看，从确保集体经济组织成员权益、促进农村经济发展的角度出发，应以法律形式把农村集体建设用地收益权完全界定给集体经济组织成员，把收益全部分配给集体经济组织成员，而农村社区基础设施建设、公共服务等公益事业的费用，应由村民通过民主程序，筹取资金进行支付。

（四）保障农民决策权和知情权

我国大部分地区农村治理机制不完善，村民自治难以真正落实，农村集体建设用地被非法出租、出让、买卖的现象较为普遍，导致农民利益受损。因此，必须以法律的形式明确农民的决策权和知情权，可借鉴河北省、上海市等地的成熟做法，规定集体经营性建设用地入市，必须经本集体经济组织成员大会或村民会议三分之二以上成员或者三分之二以上村民代表同意。也可借鉴湖北省的做法，规定集体经营性建设用地入市方案提交村民会议或者村民代表会议表决前，应当公布其入市形式、拟建项目及其环境影响情况、土地使用者情况、土地收益、土地使用期限以及村民需要了解的其他情况，以最大限度地保障农民的知情权。

（五）明晰政府规划、管理、监督、服务等职能

在集体经营性建设用地入市过程中，农民、集体经济组织和地方政府等不

同利益主体的权利都将在新的土地制度框架内得到明晰，应规定地方政府不参与土地收益分配，明确地方政府的公益性角色。农村集体建设用地使用权价值在市场上实现之后，应以法律形式把农村集体经营性建设用地收益权完全界定给农民及村集体，同时保障收益在农民与村集体、农民与农民等各个主体之间的合理分配和使用，促进农村经济发展和社会稳定。应进一步明确地方政府的土地使用规划、土地用途管制、土地收益分配监管、土地交易和市场形成等职能。同时也要进一步完善不动产税、土地增值税等税收征收制度，提高地方政府的积极性。

参考文献

[1] 顾海央，赵德余. 农村集体建设用地流转的法律与产权问题. 农业经济问题，2003 年第 10 期：63—66.
[2] 张雪琴，田萌. 初探农村集体建设用地使用权流转中的产权制约问题. 资源与产业，2006 年第 2 期：14—18.
[3] 王晓霞，蒋一军. 中国农村集体建设用地使用权流转政策的梳理与展望. 中国土地科学，2009 年第 4 期：38—42.
[4] 朱新华，马璐璐，张金明. 农村集体建设用地的最适产权安排——一个新制度经济学分析视角. 经济体制改革，2010 年第 1 期：99—102.
[5] 王安春. 集体建设用地入市的产权障碍、负面影响及对策. 上饶师范学院学报，2007 年第 28 期：18—21.
[6] 刘丽，张迎新. 集体建设用地流转中政府定位不明、职能不清的原因分析. 国土资源情报，2003 年第 11 期：16—25.
[7] 杨珍惠. 城郊集体土地自发入市观察与思考. 国土经济，2001 年第 3 期：35—36.
[8] 陈美球等. 我国农村集体建设用地入市的思考. 江西农业大学学报：社会科学版，2009 年第 1 期：7—9.
[9] 伍振军，张云华，孔祥智. 宅基地置换增值收益分配——基于 J 市的案例研究. 江汉论坛，2010 年第 9 期：11—16.

第九章
北京市农村集体建设用地价值测算及政策建议[①]

农村集体资产的管理与经营是推进新型城镇化、探索中国特色社会主义发展道路的一个重大理论和实践问题。北京市农村集体资产结构复杂、规模庞大,合理估算农村集体资产,尤其是集体建设用地资产价值,对壮大集体经济、促进农村经济社会发展,既有理论意义,也有实践价值。本报告参考周其仁(2004)及叶兴庆、伍振军(2015)的估算方法,对北京市农村集体建设用地资产价值进行估算,为北京市制定农村集体资产发展规划,有效经营和管理集体建设用地,评估集体建设用地发展成就提供可靠依据。据估算,参照国有土地价格,北京市农村集体经营性建设用地和农村宅基地价值合计高达 8.2 万亿元,农村集体建设用地均价高达 466.9 万元/亩,而在实际操作中,农村集体建设用地的价值却往往被低估。基于此,本章提出深化土地制度改革,完善农村集体建设用地权能、不断提升农村集体土地价值、率先释放改革红利;坚持绿色发展理念,加大投入,完善生态补偿机制,建设生态文明城市等具体政策建议。

一、北京市农村集体建设用地价值测算

(一) 北京市农村集体土地价格测算

北京市农村集体建设用地资产规模庞大,主要包括集体经营性建设用地、集体公益性建设用地和农村宅基地。参考北京市各区县 2013 年国有土地基价,对这部分资产的价值进行估算,可以有效反映出北京市农村集体建设用地的真实价值,以防资产被低估。

① 本章执笔:伍振军、雷雨。

以北京市人民政府办公厅文件《北京市人民政府关于更新出让国有建设用地使用权基准地价的通知》(京政发[2014]26 号)(基准期日：2014 年 1 月 1 日)为基准，根据《北京市区片基准地价表》和《北京市基准地价级别(区片)范围说明》(分四种用途)，将《北京市区片基准地价表》中各编号的区片土地价格分别对应到相应的区县中，并将结果按 17 个区县分别进行汇总整理，得到每一个区县四种用途土地的分区片楼面价。接下来，将各区县每种用途土地的各区片楼面价求平均值，得到各区县各用途土地的平均楼面价。最后，根据《级别平均容积率》表以及公式“楼面地价＝地面价格/容积率”计算出各区县四种用途土地的地面价均价。

表 9－1　2013 年北京市各区县国有土地地面价

(万元/亩)

区/县	商业	办公	居住	工业
西城区	5 585.2	5 323.2	3 922.9	964.6
东城区	5 266.8	5 219.4	3 971.4	862.1
朝阳区	2 750.0	2 743.0	2 544.1	353.7
海淀区	2 760.5	2 767.9	2 464.4	289.9
丰台区	1 831.9	1 816.4	1 842.7	262.9
石景山区	1 460.3	1 454.8	1 494.3	187.9
昌平区	857.9	853.0	811.9	81.5
通州区	908.5	902.7	840.0	76.6
亦庄开发区	901.1	894.3	840.2	73.4
大兴区	793.4	788.8	744.5	89.0
房山区	611.5	606.1	553.8	51.3
顺义区	678.3	673.1	599.7	81.1
门头沟区	468.5	461.5	390.1	50.9
怀柔区	363.9	358.5	272.3	46.3
密云县	286.9	280.2	211.4	34.8
平谷区	286.4	281.5	213.1	34.5
延庆县	288.9	304.1	177.4	30.5

参照 2013 年北京市各区县国有商业、办公和工业用地地面价，可以得到北京农村集体经营性建设用地商业、办公、工业用途的土地价格。而对于农村宅基地价格的测算，在北京市开发程度较高的东城区、西城区(首都功能核心区)，和朝阳区、海淀区、丰台区、石景山区等(城市功能拓展区)，农村宅基地价格参照国有居住用地价格的最低价(排除统计异常价格之后)。而在其他区县，宅基地价格参照国有居住用地中位数价格。

表 9-2　2013 年北京市各区县农村集体土地地面价

（万元/亩）

区/县	商业	办公	居住	工业
西城区	5 585.2	5 323.2	3 922.9	964.6
东城区	5 266.8	5 219.4	3 971.4	862.1
朝阳区	2 750.0	2 743.0	1 279.0	353.7
海淀区	2 760.5	2 767.9	1 432.4	289.9
丰台区	1 831.9	1 816.4	1 185.6	262.9
石景山区	1 460.3	1 454.8	1 310.7	187.9
昌平区	857.9	853.0	578.3	81.5
通州区	908.5	902.7	530.3	76.6
亦庄开发区	901.1	894.3	581.3	73.4
大兴区	793.4	788.8	407.2	89.0
房山区	611.5	606.1	414.2	51.3
顺义区	678.3	673.1	397.2	81.1
门头沟区	468.5	461.5	324.2	50.9
怀柔区	363.9	358.5	255.1	46.3
密云县	286.9	280.2	131.1	34.8
平谷区	286.4	281.5	136.1	34.5
延庆县	288.9	304.1	217.1	30.5

（二）北京市农村集体建设用地面积测算

根据《北京市农村集体土地资源清查工作资料汇编》(北京市农村合作经济经营管理办公室)，可得除了西城区、东城区、丰台区、石景山区和亦庄开发区之外的其他各区县集体经营性建设用地和农村宅基地面积。而西城区、东城区、丰台区、石景山区和亦庄开发区的集体建设用地面积则采用以下估算方法：1)丰台区。根据《丰台区土地利用总体规划》(2006—2020 年)，估算 2013 年丰台区建设用地面积约为 31.8 万亩。根据规划和实际增长情况，估算 2013 年丰台区城镇建设用地面积约为 19.7 万亩，则 2013 年农村集体建设用地面积约为 12.1 万亩。估算丰台区 2013 年农村宅基地面积约为 5.1 万亩，则集体经营性和公益性建设用地面积约为 7 万亩。若丰台区集体经营性建设用地与公益性建设用地面积比例符合北京市集体经营性建设用地面积与公益性建设用地面积比例，则丰台区集体经营性建设用地面积约为 3.4 万亩。2)石景山区。根据《北京市石景山区土地利用总体规划(2006—2020 年)》，该区城乡建设用地约为 9.2 万亩，又据公开报道，石景山区农村可建设用地占该区可建设用地的 10%，因此估算石景山区农村集体建设用地面积约为 0.9 万亩。若石景山区集体经营性建设用地与公益性建设用地比例符合北京市集体经营性建设用地面积与公益性建设用地面积比例，则石景山区集体经营性建设用地、农村宅基地皆为 0.3 万亩。3)东城区、西城区和亦庄开发区。若三区农村集体建设用地面积占区县总体面积的比例符合北京市农村集体建设用地面积占北京市总体面积的比例，且三区集体经营性建设用地面积与公益性建设用地面积及农村宅基地面积的比例也符合北京市三种类型集体建设用地面积的比例，则估算得三区农村集体建设用地面积都很小，此处记为 0.0 万亩。

估算出各区县农村集体经营性建设用地面积之后，还需进一步测算出其中的商服用地和工矿仓储用地面积各是多少。根据《北京市农村集体土地资源清查工作资料汇编》(北京市农村合作经济经营管理办公室)，2013 年北京市 81.3 万亩农村集体经营性建设用地中，商服用地为 29.8 万亩，工矿仓储用地为51.5 万亩。按照这个比例，可以分别计算出各区县商服用地和工矿仓储用地面积，如下表。

表 9－3　2013 年北京市各区县农村集体建设用地面积

（单位：万亩）

	集体经营性建设用地			农村宅基地
	合计	其中：商服用地	其中：工矿仓储用地	
西城区	0.0	0.0	0.0	0.0
东城区	0.0	0.0	0.0	0.0
朝阳区	8.2	3.0	5.2	3.2
海淀区	2.8	1.0	1.8	2.0
丰台区	3.4	1.3	2.2	5.1
石景山区	0.3	0.1	0.2	0.3
昌平区	8.0	2.9	5.1	8.3
通州区	10.2	3.7	6.5	12.9
亦庄开发区	0.0	0.0	0.0	0.0
大兴区	10.4	3.8	6.6	12.1
房山区	13.5	5.0	8.6	15.5
顺义区	11.1	4.1	7.0	12.7
门头沟区	1.2	0.4	0.8	1.7
怀柔区	2.8	1.0	1.8	4.4
密云县	3.7	1.4	2.3	6.3
平谷区	3.8	1.4	2.4	8.2
延庆县	1.9	0.7	1.2	5.9
合计	81.3	29.8	51.5	98.6

(三) 北京市农村集体建设用地价值测算

明确了各区县农村宅基地面积以及集体建设用地中商服用地、工矿仓储用地面积之后，再分别乘以相应土地的价格即可得到各区县农村集体建设用地的价值。根据国土资源部发布的《2010 年全国主要城市地价状况分析报告(摘要)》中《全国重点监测区域不同用途地价水平值》，全国范围内办公、商业、居住和工业用途土地地价比例为 22 ∶ 40 ∶ 33 ∶ 5，则商服用地价格＝商业用地价格×40/(40＋22)＋办公用地价格×22/(40＋22)。工矿仓储用地价格按照表 9－2工业用地价格计算，农村宅基地价格按照表 9－2 居住用途价格计算。故可测算出北京市 2013 年农村集体建设用地价值如下表。

表 9－4　2013 年北京市各区县农村集体建设用地价值

(亿元)

	集体经营性建设用地			农村宅基地
	合计	其中：商服用地	其中：工矿仓储用地	
西城区	0.0	0.0	0.0	0.0
东城区	0.0	0.0	0.0	0.0
朝阳区	10 095.3	8 258.1	1 837.2	4 092.8
海淀区	3 350.0	2 835.9	514.2	2 864.8
丰台区	2 842.4	2 276.1	566.2	6 046.6
石景山区	196.1	160.4	35.7	393.2
昌平区	2 923.6	2 510.6	413.0	4 799.9
通州区	3 883.9	3 389.0	494.9	6 840.9
亦庄开发区	0.0	0.0	0.0	0.0
大兴区	3 604.6	3 018.3	586.3	4 927.1
房山区	3 455.1	3 016.4	438.7	6 420.1
顺义区	3 322.5	2 752.2	570.2	5 044.4
门头沟区	243.7	205.0	38.7	551.1
怀柔区	453.6	371.5	82.1	1 122.4
密云县	467.4	385.9	81.6	825.9
平谷区	479.5	396.5	83.0	1 116.0
延庆县	241.7	205.0	36.7	1 280.9
合计	35 559.4	29 780.7	5 778.7	46 326.2

二、政策建议

（一）深化土地制度改革，释放改革红利

参照国有土地价格，北京市农村集体经营性建设用地和农村宅基地价值合计高达 8.2 万亿元，农村集体建设用地均价高达 466.9 万元/亩。而若按照年均收益计算，北京市农村集体建设用地总价值仅有 2 816.8 亿元①，价值只有前者的 3.4%。其中集体经营性建设用地总价值仅有 1 658.9 亿元，亩均价值仅有 20.4 万元；农村宅基地总价值仅有 1 157.9 亿元，亩均价值仅有 12.3 万元。可见，北京市农村集体建设用地价值被严重低估。据调查，北京市昌平区集体经营性建设用地 79 687.1 亩，按照年均收益估算价值仅有 65.6 亿元，亩均仅有 8.2万元/亩。而根据课题组对北京市昌平区北七家镇海鹊落村的调查，海鹊落村周边建设国有土地出让价格接近 1 000.0 万元/亩。集体建设用地权能残缺，与国有建设用地价值相差悬殊。贯彻落实党中央文件多次提出的城乡建设用地"同地同权同价"要求，北京市可以在深化土地制度改革，完善农村集体建设用地权能方面进行探索，不断提升农村集体土地价值，让农民分享改革红利。

（二）坚持绿色发展理念，建设生态文明城市

一直以来，北京市集体所有为主的林地、农田、草地和湿地等为城市提供了坚实的生态与环境屏障，其生态价值主要体现在气候调节、水资源涵养、环境净化、生物多样性、防护与减灾、土壤保持和土壤形成等多个方面。2013 年北京市都市型现代农业生态服务价值高达 7 790.7② 亿元，而经营农地总价值也只有 3 377.7 亿元，生态服务价值是经营农地价值的两倍以上。随着工业发展、城市规模扩大，农村林地、农田、草地、湿地等环境保护作用进一步凸显，生态服务价值还将大幅度提升。"十三五"时期，北京市在贯彻落实党的十八届五中全会提出的创新、协调、绿色、开放、共享的发展理念特别是在践行绿色发展理念上，应力争走在全国前列。着眼于建设生态文明城市，进一步加大投入力度，改革体制机制，创新产权模式，完善林地、湿地、草地、农田等农用地生态补偿机制，筑牢北京生态安全屏障，加快建设国际一流的和谐宜居之都。

---

① 不包括 2013 年北京市农村未利用地 194.2 万亩的价值。

② 数据来源：北京农村统计资料 2 013。主要计算生态与环境价值，包括森林、农田、草地和湿地四个部分。

第十章 关于北京市集体建设用地发展租赁住房的两次调研

第一节 集体建设用地发展公租房值得探索——北京市的调查与启示①

2011年9月国务院办公厅发布的《关于保障房建设和管理的指导意见》，要求重点发展公共租赁住房后，国土资源部于2012年1月批复北京市、上海市成为集体建设用地建设公租房首批先行试点城市。2012年6月，进展较快的北京市昌平区海鹊落村公租房第一期项目，9栋高层楼房中有6栋已经封顶，近期就可以投入运营。为了了解集体建设用地发展公租房情况，国务院发展研究中心农村经济研究部“农村集体土地确权与流转问题研究”课题组对北七家镇海鹊落村进行了调研。

一、海鹊落村集体建设用地发展公租房的背景

1. 集体建设用地长期闲置。海鹊落村除了耕地、农民宅基地之外，尚有集体建设用地1 995.6亩，大部分土地长期闲置，小部分栽植了果树，但无人管理，经济收益很低。海鹊落村地理位置优越，处于昌平区新城产业聚集区，是中关村北部研发服务和高新技术产业聚集区的核心区域，经济发展很快。但集体建设用地长期闲置、利用效率很低，相比于周边的羊各庄、东小口等经过旧村改

---

① 作者：伍振军、张云华、张英洪、冯效岩，本章成稿时间为2013年，本章大部分内容以《集体建设用地发展公租房的探索(上)》及《集体建设用地发展公租房的启示(下)》为题，发表在《中国经济时报》，2013年，第4期上。

造的村庄，海鹡落村村民收入较低、增收乏力。

2. 村庄周边租房需求大。海鹡落村处于北七家镇南部核心地带，南距地铁5号线只有3公里，距大型生活社区天通苑仅5.9公里，交通便捷。而北七家镇地处北京市北部城乡接合部，经济发展很快，外来人口很多。据第六次人口普查数据显示，本地户籍人口近5万，而外来人口已达27万，已成为重要的外来人口聚居区，这部分人群已在当地形成较大的租房需求规模。据当地统计，集体经济收入的90%来自房屋和土地出租，农民经济收入的70%来自农宅出租收益。距海鹡落村3公里的国家级高新科技研发基地——未来科技城已经于2009年7月开始建设，将吸引至少2万名科研及相关人员入驻，在当地创造新的中高档租房需求。

3. 村民迫切要求获得长期、稳定、可持续性收入。海鹡落村在2003年某房地产开发项目和2009年未来科技城项目大规模征地之后，产生大量失地农民。村民拿到一次性征地补偿金后，没有好的投资渠道，容易“坐吃山空”，产生了获得长期、稳定、可持续性收入的强烈愿望。

4. 自主开展公租房建设。2010年3月15日、16日①，根据北京市研究制定的公租房发展政策，海鹡落村分别召开村“两委会”和村民代表大会，皆全票通过“利用部分集体建设用地发展公租房，获取土地收益”的决议。海鹡落村村民代表会议决议中明确：公租房建成后属村集体资产，只用于出租，不对外出售。公租房只租不卖，不违反国家土地政策。由村民自主入股筹集部分资金，加上征地拆迁款和集体资产积累，全力发展公租房项目。公租房形成的大部分收益每年以股份分红的形式分给村民，农民就可以获得长期、稳定、可持续的收入。

二、集体建设用地发展公租房利国利民

1. 有效解决地方政府建设公租房缺土地、缺资金问题，拓宽公租房供应渠道。首先，解决了公租房建设的土地供应不足问题。根据北京市《2012年度国有建设用地供应计划》，昌平区2012年计划供应公租房用地只有210亩，土地供应很少。而海鹡落村公租房项目第一期用地90亩，第二期规划建设用地面积71.4亩，合计161.4亩，仅一村就可为昌平区增加76.9%的公租房土地供应，有效解决了公租房的土地供应紧张问题。其次，缓解地方政府资金投入压力。公租房产权无法转让、租金回报较低、投资回收期长（长达10～20年），很

① 在国务院办公厅发布《关于保障房建设和管理的指导意见》的1年零3个月之前。

难吸引社会资金，主要由政府投资。据住建部数据，截至 2012 年 6 月，财政部下拨专项资金达到 977 亿元；2012 年全国有 200 多万套公租房需要政府直接投资，总额达 1 500 亿元，仍存在较大的资金缺口。而海鹊落村公租房建设项目一期投资 5.5 亿元，资金全部由村集体自筹，有效缓解了当地政府公租房建设的资金压力。最后，拓宽公租房供应渠道，缓解城市住房压力。据第六次人口普查数据，昌平区常住人口 166.05 万人，其中外来人口超过 100 万，是户籍人口的两倍多。外来人口迅速增长，住房压力巨大。但在未来两三年内，昌平区计划投入使用的公租房也只有 8 000 套左右，供需缺口很大。海鹊落村第一、二期公租房建成之后，将会增加 4 000 套左右的公租房，很大程度上缓解了外来人口的住房压力。

2. 农民土地收益大幅度提高。相比征地补偿，农民集体发展公租房的土地收益提高 73.6 倍。2009 年未来科技城项目中，海鹊落村被征地 1 530 亩，总计补偿 33 120 万元，平均每亩征地补偿 21.6 万元。而发展公租房土地净收益预计达到 1 611 万元/亩。海鹊落村第一期公租房占地 90 亩，建成后总建筑面积约 14.68 万平方米，共 1 837 套，总投入为 5.5 亿元。从收益看，根据北京市相关规定，公租房租金标准暂定为当地市场价下调二至三成，预计为每月 28 元/平方米。按照出租率为 70%计算，年租金收入现值约为 3 500 万元，预计 16 年左右全部收回投资。若按照公租房使用年限 70 年，16 年之后的 54 年收取租金，收益为 18.9 亿元，除去资金成本 4.4 亿元，净收益达 14.5 亿元，摊在 90 亩土地上，每亩收益达到 1 611 万元，比征地提高 73.6 倍。相应地，海鹊落村村民人均收入迅速提高。第一期公租房年收益 3 500 万元，除去分摊的成本，每年净收入为 2 714 万元，该村人口只有 1 219 人，年人均收入可增加 2.2 万元。

3. 农民实现有工作、有产业、有资本。公租房项目日常运营需要一定的物业管理人员，如经理、会计、营销人员等，小区基础设施建设维护也需要大量的装修、绿化、保洁、水电维修等人员，这将满足当地不同年龄和文化层次农民的就业需求。集体建设用地公租房项目建成之后，大量人口入住，将有力促进洗衣、餐饮、网络等服务业发展。农民有了自己的产业，长期发展有了保障。根据集体产权制度改革的要求，分配给村民的公租房股份可继承、转让、赠与，真正解决了村民从农民转换为居民后，失去农村资产的后顾之忧，农民实现了带着资产进城。

三、面临的问题

1. 与现行《土地管理法》相关规定不符。《土地管理法》第四十三条规定：

“任何单位和个人进行建设，需要使用土地的，必须依法申请使用国有土地；但是，兴办乡镇企业和村民建设住宅经依法批准使用本集体经济组织农民集体所有的土地的，或者乡(镇)村公共设施和公益事业建设经依法批准使用农民集体所有的土地的除外。”可见，农村集体建设用地用途被严格限定在兴办乡镇企业、乡村公共设施、公益事业和建设农民住宅上，范围有限，而其他建设项目占用土地，包括公租房建设用地，都应该是国有用地。尽管国土资源部在北京市、上海市开展试点，但在《土地管理法》没有修订的情况下，集体建设用地建设公租房缺乏合法性。

2. 具体配套政策有待落实。海鹊落村集体建设用地发展公租房项目，在2010 年 7 月被确立为“北京市利用集体土地建设公租房”试点项目，但在项目审批、立项、建设过程中，遇到了一系列配套政策缺位的问题。一是控规(控制性详细规划)整合难以批复。昌平区规划条例里没有集体建设用地建公租房的编号。在实际操作中，农村集体建设用地原来规划为乡村产业用地，而公租房实际上属于居住用途，在控制性详细规划中需要确定建筑密度、建筑高度、容积率、绿地率等，以及水、电、交通等市政公用设施，便民服务、文体基础设施配套等，涉及部门多、手续繁杂，导致海鹊落村公租房项目的控规整合迟迟得不到批复。二是难以通过国土部门的审批。北京市、区国土部门没有利用农村集体用地建设公租房的专项指标，而按照以往的规定，公租房应建在国有土地上。此外，北京市每年建设用地供应总体指标有限，若把集体建设用地指标加进去，势必挤占国有建设用地指标。因此，该项目用地在国土部门难以审批通过。三是无法在发改委部门立项。北京市、区两级政府没有针对集体建设用地建公租房的立项指导意见，导致海鹊落村公租房项目无法在区发改部门办理立项手续。

3. 项目投入大、回收期长、风险高。村集体公租房建设投资巨大，全靠农民通过各种途径自筹资金，加上村集体资产积累进行投资。集体建设用地无法抵押，不能以公租房项目向银行申请贷款，难以获得金融支持。公租房租金较低、投资回收期长，也很难吸引社会资金参与。这些因素使得村集体建设公租房蕴藏很大风险。海鹊落村经过两次征地之后，获得了一定的征地补偿，村集体也有一定的资产积累，经济实力较强，但承担的风险仍然很大。海鹊落村第一期公租房项目的建设投资总额 5.5 亿元。资金来源：一是未来科技城项目的 3 亿元征地补偿金，是由开发商根据征地拆迁、科技城建设情况逐步偿付的；二是 2003 年北京洋房房地产项目拖欠海鹊落村征地补偿金连本带息近 2 亿元。一旦征地补偿金不能及时到位或欠款不能收回，海鹊落村公租房建设项目就存在资金链断裂风险。

4. 收益分配机制尚未建立。公租房建成之后，将产生巨额收益，如何在村集体和村民之间进行分配，是其面临的重要挑战。海鹊落村已经完成集体产权制度改革，把集体建设土地、集体资产积累和征地补偿金等转化为股份，其中30%的股份留给集体，70%的股份量化给村民。而海鹊落村第一、第二期公租房建成之后，海鹊落村年纯收益将增加6 000万元，若每年把30%的收益留给村集体，村集体的年收益将达到1 800万元。如何规范使用、合理分配留给村集体的巨额收益，将是海鹊落村面临的重要挑战。

四、几点建议

1. 集体建设用地发展公租房值得继续探索。当前征地制度下，尽管农民集体对土地享有所有权，但难以享受定价议价的权利，极大地损害了农民的利益。允许农民在集体建设用地发展公租房，盘活农村集体建设用地，本质上是赋予农民土地发展权利，让农民获得长期、稳定、可持续性收入，有力保障农民土地财产权益。有助于集体建设用地实现国有土地平等权益，逐步建立城乡统一的建设用地市场。

2.《土地管理法》修订中应把“集体建设用地发展公租房”纳入考虑范畴。现行《土地管理法》对农村集体建设用地三种用途的限制，实际上是限制了农民集体土地财产权的实现。在《土地管理法》修订中，应考虑增加“允许集体建设用地建设公租房”的条款。从长远来看，《土地管理法》还需放宽对农民集体利用建设用地进行经营性开发的限制。

3. 完善配套政策措施。一要尽快出台集体建设用地发展公租房的总体指导意见。规划、国土、发改等部门要相应出台具体政策，对集体建设用地发展公租房的规划、用地、项目立项等进行规范和指导；对建成后的公租房市政公用设施、交通基础设施、文化体育设施等予以支持。二要加强公租房建设管理。根据对昌平区其他村庄的调查，很多城乡接合部的村庄具有利用集体建设用地发展公租房的强烈需求。在考虑扩大试点范围时，应满足两个条件：一是在二线以上的大城市郊区；二是已有城乡统一的建设用地规划。同时，还要对当地的公租房需求情况做详细的市场调查，确保有需求才审批、才立项、才建设，防止盲目上项目，避免公租房建成后大量空置而损害村民利益。三要加强公租房项目运营指导。要把公租房建设好、经营好、管理好，发展配套商业设施，做大做强集体经济，增加村民收入，就需要指导村集体，运用现代企业经营管理理念，聘请专业经营管理团队对公租房项目进行经营管理，确保集体资产保值增值。

4. 给予财政、金融支持。村集体自主筹资建设公租房过程中，需要投入大量的财力、物力，风险很大。在集体建设用地发展公租房取得合法性之后，建议地方政府一是出台支持集体建设用地公租房进行贷款抵押的指导意见，鼓励金融机构对公租房项目提供贷款支持，降低其资金供应不足的风险。二是地方财政给予贷款贴息支持，降低公租房建设成本。

5. 深化集体产权制度改革，完善收益分配机制。要想使发展公租房的巨额收益在村集体、村民之间分配好，就必须深化公租房集体制度改革，进一步完善收益分配机制。公租房建成之后，将产生巨额收益，从长远来看，村干部工资、用车支出、保洁、绿化、联防人员劳务费、村水电费用支出以及招待费用等不应由村民承担；所以，理论上可以大幅度减除公租房收益在这方面的投入。因此，要进一步深化集体产权制度改革，完善村集体、村民之间的收益分配机制。

第二节　集体建设用地发展租赁住房试点值得推广——北京市昌平区再调查和启示

2013 年 3 月课题组对北京市昌平区海鹊落村利用集体建设用地发展公租房①案例进行实地调研，形成《集体建设用地发展公租房值得探索——北京市的调查与启示》调研报告，受到北京市委市政府主要领导的重视和批示。北京市相关部门根据此报告提出的问题与建议，出台了一系列政策文件，对集体建设用地发展公租房进行规范和推进，取得一定成效。2015 年 8 月，课题组对海鹊落村利用集体建设用地发展公租房的进展再次进行调研，发现北京市利用集体建设用地发展租赁房②的探索值得肯定和推广，但也仍然面临一些问题，现将情况汇报如下：

一、集体建设用地发展租赁房的前期探索及遇到的关键问题

北京市昌平区海鹊落村集体建设用地长期闲置，村庄周边租房需求巨大，

---

① 2014 年 10 月，《北京市利用农村集体土地建设租赁住房试点实施意见》将“集体建设用地发展公租房”进一步规范为“集体建设用地发展租赁住房”，但在此之前，文章仍然延续“集体建设用地发展公租房”的说法。

② 这里根据《北京市利用农村集体土地建设租赁住房试点实施意见》，将“集体建设用地发展公租房”改变为“集体建设用地发展租赁住房”。

村民迫切要求获得长期、稳定、可持续性收入。2010年海鹊落村民代表大会全票通过关于“利用部分集体建设用地发展公租房，获取土地收益”的决议，由村民自主入股筹集部分资金，加上征地拆迁款和集体资产积累，全力发展公租房项目。

从我们2013年的调研来看，集体建设用地发展公租房可有效解决地方政府建设公租房缺土地、缺资金问题，拓宽公租房供应渠道，大幅度提高农民收入，利国利民。当时计算两三年内，昌平区计划投入使用的公租房只有8 000套左右，供需缺口很大。而海鹊落村第一、二期公租房建成之后，就能增加4 000套公租房。并且，集体建设用地发展公租房能够大幅度提高农民收入，第一期公租房建成运营之后，能为该村带来3 500万元的年收入，农民人均收入至少翻一番。第二期公租房建成之后，村年收入将增加到6 000万元，农民人均收入将再翻一番。

课题组调研后也发现，北京市集体建设用地发展公租房面临与法理不符和配套政策不完备两大难题。一方面，集体建设用地发展公租房于法理有两处不符。第一，按照以往的规定，公租房只能建在国有建设用地之上，在集体建设用地上建公租房于法理不符。第二，根据《土地管理法》，农村集体建设用地用途被严格限定在兴办乡镇企业、乡村公共设施、公益事业和建设农民住宅上，不能建设用于出租的住宅。另一方面是具体配套政策不完备。主要是控规整合难以批复，农村集体建设用地原来规划为乡村产业用地，而公租房实际上属于居住用途。公租房应建在国有土地上，因此难以通过国土部门的审批。北京市、区两级政府没有针对集体建设用地建公租房的立项指导意见，因此海鹊落村公租房项目无法在区发改部门办理立项手续等等。

二、北京市进一步推动集体建设用地发展租赁房的主要举措

北京市充分认识到集体建设用地发展公租房对完善农村集体建设用地利用机制、拓宽租赁住房建设渠道、发展农村集体经济、促进城乡统筹发展的重要意义。通过调研和座谈，也认识到集体建设用地发展公租房所面临的法理和配套政策两大难题。2013年北京市相关部门组织各个部门广泛调研，积极推进集体建设用地发展公租房项目。2014年4月，北京市国土资源局印发了《关于转发市政府〈关于加快完善保障性安居工程项目用地手续有关问题的请示〉批示的函》，将昌平区海鹊落村集体建设用地发展公租房项目列入《北京市2011—2012年保障性安居工程计划供地清单》(第一批)，2014年10月，北京市

国土资源局、发改委、规划委等 7 个部门联合出台了《北京市利用农村集体土地建设租赁住房试点实施意见》等政策文件，对集体土地建设租赁住房试点作出了明确规定，力求解决法理和政策两大难题，推进农村集体建设用地入市。

（一）重新定义为租赁房，解决公租房不能建设在集体建设用地上的问题

按照以往规定，公租房建设土地应该是国有建设用地，若是集体建设用地，则必须通过征地程序才能建设“公租房”。那么昌平区海鹊落村在农村集体建设用地上建设用于出租租赁的住房，不能称之为“公租房”。为了解决这个矛盾，北京市 2014 年 10 月出台的《北京市利用农村集体土地建设租赁住房试点实施意见》，将之前关于集体建设用地发展公租房的提法，比如北京市住保办《关于明确北七家镇海鹊落村试点建设租赁房项目的意见》（京住公租字[2010]149 号），北京市昌平区人民政府《关于将昌平区北七家镇海鹊落公租房项目纳入北京市利用集体土地建设公租房试点项目的函》（昌政函[2012]1 号），等等，统一修订为“集体建设用地发展租赁房”（此后文章将“集体建设用地发展公租房”提法修订为“集体建设用地发展租赁住房”）。此后，北京市将利用农村集体建设用地建设用于出租租赁的住宅，统一称之为租赁房。相应的，昌平区海鹊落村集体建设用地建设公租房项目，也改为集体建设用地建设租赁住房项目。

（二）明确土地及房屋所有权主体

北京市进一步明确农村集体经济组织为集体建设用地及租赁住房的所有权人。在项目建成之后，农民集体经济组织可以办理农村集体建设用地和租赁住房的登记手续，取得农村集体建设用地土地使用权证，以及房屋所有权证。并规定土地使用权证按照项目整体核发，土地使用权证要注明：仅用于租赁住房建设，未经批准，不得出让、转让、抵押，不得转租，不得改变土地用途。房屋所有权证按幢核发，房屋所有权要注明：不得转让和抵押。

（三）由政府授权市场主体统一运营管理

北京市认为不管是国有建设用地建设公租房，还是集体建设用地建设租赁住房，最终是为了解决城镇化人口住房需求问题，都应纳入租赁住房管理范畴。北京市授权农村集体经济组织利用集体建设用地建设租赁住房，待建设完成之后，就将这些租赁住房统一纳入北京市公共租赁住房房源范畴，由政府授权企业等主体，按照规定进行租赁和运营管理。农民集体经济组织作为租赁住房所有权人，按年从租赁住房运营机构领取租金，妥善解决了公租房来源及租赁物

业运营管理问题。

（四）相关配套支持政策全部落实

2013年之后，针对农村集体建设用地发展租赁房问题，北京市相继出台一系列新政策新文件，明确相关部门的管理权限和职责，促进支持政策落地。根据新政策，北京市国土部门将具体负责集体建设用地发展租赁住房用地管理、审核等工作，解决用地问题。北京市发改部门负责项目建设立项审批、投资计划办理等工作，解决关键立项问题。北京市规划委负责相关区域集体建设用地租赁住房规划工作，解决控规整合问题。北京市住房城乡建设部门对租赁住房的建设施工、房屋产权、房屋租赁、房屋建筑结构安全等方面进行监督管理。北京市农委负责指导农村集体经济组织对集体建设用地建设租赁住房产生的收益进行合理分配等。至此，相关配套支持政策全部落到实处。

三、北京市进一步推动集体建设用地发展租赁房还面临的问题

（一）仍然与现行《土地管理法》相关规定不符

尽管北京市已经把“集体建设用地发展公租房”，修订为“集体建设用地发展租赁住房”，解决了公租房必须建设在国有建设用地上，农村集体建设用地不能建设公租房的矛盾。但农村集体建设用地建设租赁住房用于出租租赁，也与现行《土地管理法》规定不符。根据《土地管理法》，农村集体建设用地用途被严格限定在兴办乡镇企业、乡村公共设施、公益事业和建设农民住宅上。在《土地管理法》没有修订的情况下，无论是集体建设用地建设公租房，还是集体建设用地建设租赁住房，都缺乏合法性。

（二）集体土地及房屋权能有限

北京市允许农村集体建设用地建设租赁住房，允许集体经济组织通过租赁住房出租获得长期收益，已经在拓展农民土地及房屋权能上向前迈了一大步。尽管规定项目建成之后，农民集体经济组织可以取得农村集体建设用地土地使用权证，以及房屋所有权证，但土地使用权证只能按照项目整体核发，仅用于租赁住房建设，未经批准，不得出让、转让、抵押，不得转租，不得改变土地用途，土地权能极其有限，租赁房屋所有权证按幢核发，房屋所有权不得转让和抵押，权

能也受到极大限制。

（三）缺乏发展集体物业的必要资金

在集体建设用地上建设住宅或商业物业，需要大量的资金投入，但集体建设用地不能担保抵押，无法获得金融机构的支持，若缺乏长期资金积累，农民还是只能望地兴叹。海鹊落村租赁房两期项目总投资估算为 109 578 万元，其中土地取得费用 814 万元，工程费 97 259 万元，工程建设其他费 6 326 万元，基本预备费 5 179 万元。海鹊落村第一期公租房项目的 5.5 亿元建设投资，主要来自征地补偿以及欠款回收，这些资金成了海鹊落村关键的发展资金，尽管征地补偿款很高，但海鹊落村现在已经拖欠施工单位近 1 亿元，资金筹集仍然困难。没有长期资金积累，缺乏金融支持，农民及农民集体经济组织要在集体建设用地上发展物业产业，获得长期收入，几无可能。

（四）股份权能有待完善

海鹊落村产权制度改革方案规定："个人股份可以依法继承(独生子女父母奖励股除外)，可以在股份制合作社内部转让，但不得向社会法人和社会个人转让"。而从股份的继承权、转让权和赠与权三个重要处分权看，村民只获得了股份的有限处分权，股份难以转化为资本。长期来看，股权将成为农民手里最大"沉睡的资产"。第一、第二期租赁住房建好之后，海鹊落村农村集体经济组织股权价值将获得极大提升。海鹊落村两个项目的土地面积 150 亩，价格约 800 万/亩(参考周边商业住宅价格)，土地资产高达 12 亿元。两期租赁房建设投入高达 11 亿元，合计高达 23 亿元。按照海鹊落村股东 2 100 人，股份 4 万股计算，每股高达 5.7 万元。实际上，我国政策文件对非集体经济组织成员资格者受让集体经济组织股权做了严格限制。集体经济组织股权只能在集体经济组织内部流转，还不能在集体经济组织之外实现流转交易，集体经济组织股权价格难以反映其真实价值。随着时间推移，股东生老病死，变化很大，股东股份权益如何保障也是将要面临的问题。

四、建议和启示

（一）建设租赁住房是农村集体建设用地入市的较好途径

在符合规划和用途管制前提下，允许农民在集体建设用地上建设租赁住房，通过市场渠道进入房屋租赁市场。实际上，不仅是让农民房屋平等进入房屋市场，更重要的是让农村集体建设用地与国有土地平等进入市场。不仅有力保障农民土地财产权益，也有利于建立城乡统一的建设用地市场。建议在全国开展农村集体建设用地建设租赁住房试点工作，解决公租房建设缺钱、缺土地问题。并积累经验，总结问题，为下一步土地制度改革和相关法律修订奠定基础。

（二）修订《土地管理法》，放宽对农民集体利用建设用地进行经营性开发的限制

《土地管理法》应把“集体建设用地发展住宅和商业物业”等纳入考虑范畴。多数学者认为，现行《土地管理法》对农村集体建设用地三种用途的限制，实际上是限制了农民集体土地财产权的实现。从长远来看，《土地管理法》还需放宽对农民集体利用建设用地进行住宅及商业物业经营性开发的限制。农村集体建设用地不仅可以用于租赁住房建设，经批准可以改变土地用途，可以出让、转让、担保、抵押。

（三）拓展集体建设用地使用权及地上物业的权能

第一，农民集体经济组织取得农村集体建设用地土地使用权证之后，土地使用权证可以按照项目整体核发，也应可以根据农民集体经济组织意愿分地块核发，甚至可以根据农民集体经济组织成员意愿，参照经济适用房管理办法，按每套房屋所占面积分割核发土地使用权证。第二，租赁住房可以按幢核发，也应可以根据农民集体经济组织和成员要求，按套分割核发，房屋所有权应可以抵押担保。

（四）推进农村集体产权制度改革，完善股份权能

应明确集体经济组织股权的权利内涵和实现形式，进一步明确集体经济组织股权的使用权、收益权、处分权，甚至是继承权、赠与权等，支持农民实现对集体经济组织股权的财产权。逐步打破“集体经济组织股权可以在股份制合作社内部转让，但不得向社会法人和社会个人转让”的限制，有条件、有范围地放开农户流转，打破集体经济组织股权的村社边界，逐步实现成员对集体经济组织股权的完整用益物权。

第十一章
集体建设用地使用权流转典型案例

集体建设用地如何入市?
——对《集体建设用地流转：实践、困境与对策》一文的评价[①]

《集体建设用地流转：实践、困境与对策》抓住当前我国经济转型的一个关键问题——集体建设用地如何入市？我国2.6亿亩农村集体建设用地能否自由进入市场进而成为促进经济发展的要素，将是我国下一轮经济发展的关键。

为什么这么说？从我国过去30年经济发展来看，大量农村土地实际上扮演了两个重要角色。一是提供土地要素。据我们测算，1987—2011年，我国征占农民土地超过5 200万亩。根据国土资源部的统计，1996—2006年全国耕地减少了1.24亿亩。大量土地从农村流向城镇，推动经济增长。二是提供资金。一方面是土地出让收入。1999—2011年，全国土地出让收入总额约12.75万亿元，年均近1万亿元。2011年土地出让收入占地方财政收入的比例高达60%。另外一个重要方面是土地抵押融资。根据银监会的报告，截至2010年底，全国有1万家融资平台公司，负债规模达到9.1万亿元。

那么，这种所谓的"土地宽供应"在下一轮经济发展中能否持续？答案是否定的。首先是土地出让成本迅速上升。比如，2008年江苏省盐城市土地出让成本只占土地出让价款的38%；而到2011年土地出让成本占土地出让价款的比例大幅度提高到85%。其次是土地资源有限。在上一轮的经济增长中，长三角、珠三角从粮食主产区变成主销区，"南粮北运"已变成"北粮南运"，我国可用耕地濒临18亿亩红线，通过土地整理出来的为1.14亿亩，但大部分质量在下降。当前，

① 作者：伍振军，本章成稿时间为2013年，本章大部分内容以《集体建设用地如何入市》为题，发表在《中国投资》，2013年，第8期上。

很多传统农区为摆脱“农业大、工业弱、财政穷”的局面，也有工业化的强烈需求。

可见，下一轮经济增长的关键要素就是2.6亿亩乡村建设用地。那么，这些建设用地该如何进入市场，成为自由流动的要素？尽管十八大报告已经指明了改革的方向——促进城乡要素平等交换。但是如果一些关键问题，正如《集体建设用地流转：实践、困境与对策》所发现那样，集体建设用地流转收益如何分配，集体建设用地的融资功能如何实现等问题没有解决，改革也难以深入推进。

关于收益分配，实际上困扰我们的是两个问题。第一是收益在政府与村集体、农民之间的分配问题。这个问题主要出现在政府主导下农村土地作为要素进入市场的模式中，如各地区实施的宅基地换房、两分两换、增减挂钩、万顷良田等诸多减少农村集体建设用地、增加城镇建设用地的方式。其主要问题是缺乏合理的制度安排，农民和集体很难分享土地增值收益。第二是收益在村集体、农民之间的分配问题。主要出现在农民集体主导下农村土地作为要素进入市场的模式中。正如《集体建设用地流转：实践、困境与对策》介绍那样，这种探索是长期、普遍存在的，其必然面临收益在村集体与农民之间如何分配的问题，这个问题必须靠不断推进和深化农村集体产权制度改革，明确农民与村集体之间的利益边界来实现。当然《集体建设用地流转：实践、困境与对策》也提出“政府应基于公平性和普惠性原则获得部分收益”这个观点，但是在村集体主导下的土地流转中，村集体作为土地所有者，凭土地要素取得收入，政府通过什么方式来进行收入调节是有待探讨的问题。

关于集体建设用地的融资功能如何实现的问题。我们知道，《土地管理法》把农村集体建设用地用途严格限定在兴办乡镇企业、乡村公共设施、公益事业和建设农民住宅上。这种对农村集体建设用地3种用途的限制，实际上是限制了农民集体土地财产权的实现。若不赋予农民土地发展权利，也就难以实现《集体建设用地流转：实践、困境与对策》提出的“以流转管理平台为基础，鼓励金融机构参与，为集体建设用地使用权人提供金融支持”的目标，难以解决集体建设用地的融资功能问题。更不可能实现集体建设用地与国有土地的平等权益，建立城乡统一的建设用地市场。

案例一：一个试行“万顷良田”工程县长的感受与期盼

江苏省在推进城镇化过程中，为解决制约发展的土地瓶颈问题，于2008年开始在全省推进“万顷良田”工程①，预计每年可获得建设用地增减平衡指标

---

① 江苏省于2008年9月28日出台了“万顷良田建设工程”试点方案(苏国土资发〔2008〕290号)。

1.45万亩，相当于20个县一年指令性用地计划的总和。涟水县是江苏省“万顷良田”工程最早试点县之一，分管该工程的杨亚专县长向调研组道出了他的一些困惑与感想，并提出几点期盼。

一、五步骤推进“万顷良田”工程

涟水县“万顷良田”工程实际推进3.1万亩，拆迁农户1 978户，拆迁农民房屋建筑面积38万平方米。将新增耕地2 350亩①，从而获得建设用地增减平衡指标2 350亩，除去450亩农民安置房以及基础设施建设用地，最后获得1 900亩指标。从操作过程看，“万顷良田”工程可分为五个步骤：

1. 安置房建设。基本做法是先建后拆，保证老百姓有房可住。政府成立的开发公司根据农户房屋拆迁面积，建设农民安置房。涟水县“万顷良田”工程安置房、基础设施建设占地450亩，建筑面积约40万平方米。

2. 农民房屋拆迁。由开发公司统一进行农户房屋拆迁工作。涟水县“万顷良田”工程需拆迁农户1 978户，拆迁面积38万平方米。按规定，只需80～90%的农户同意，规划区内村庄就可以整体拆迁。

3. 土地整理。就是把农民腾退的宅基地复垦为耕地，并对规划区的农地进行沟渠疏通、田堤整理工作，使耕地集中连片。涟水县“万顷良田”工程可新增耕地2 350亩。

4. 新增建设用地。涟水县“万顷良田”工程增加建设用地挂钩指标2 350亩，除去农民安置房建设、基础社会建设用地，最终获得增减平衡指标1 900亩，作为储备用地由市县进行分配。

5. 土地出让。通过道路、景观、绿化等基础设施建设，新增建设用地将会获得一定程度的升值。地方政府把1 900亩土地分批出让，用土地出让资金平衡土地整理、农民安置房建设、基础设施建设等支出。

二、实现土地、资金平衡

1. 土地平衡。第一是耕地增减平衡。首先，地方政府把农民宅基地复垦

① 实际上增加耕地面积为3 250亩，但是其中900亩是沟渠、田堤平整得来，不算新增耕地，新增耕地应为2 350亩。

为耕地,耕地增加。比如,涟水县“万顷良田”项目中,新增 2 350 亩。之后,地方政府把城镇周边等面积的耕地征收为建设用地,耕地减少,耕地增减平衡。第二是建设用地减增平衡。首先,农民置换出来的宅基地被复垦为耕地,农村集体建设用地减少,地方政府获得增减挂钩指标,在市县级政府中分配。涟水县“万顷良田”项目中,农村集体建设用地减少 2 350 亩,政府获得 2 350 亩指标。然后,市县政府根据指标,在城镇周边征收等面积的耕地作为城镇建设用地,城镇建设用地增加。建设用地减增平衡。

2. 资金平衡。支出方面,政府成立融资平台,通过土地抵押融资支付农民宅基地复垦、农地整理、安置房建设等费用。涟水县“万顷良田”项目,先为农民建设安置房 40 万平方米,建安成本约为 1 500 元/平方米,需要融资约 6 亿元。收入方面,“生地变成熟地”后,新增建设用地将会升值,地方政府通过土地“招拍挂”获得收入。涟水县“万顷良田”项目新增增减挂钩指标 1 900 亩,工业用地和住宅与商业用地各占一半,通过出让获得收益。最后,地方政府把部分收益偿还先期各项贷款,达到资金平衡。

三、取得一定成效

1. 解决土地制约问题。据杨县长介绍,“万顷良田”工程在一定程度上解决了涟水县工业化、城镇化快速推进中的土地制约问题。2012 年,江苏省国土厅直接下达涟水县新增建设用地指标只有 700 亩,其中耕地专用计划只有 480 亩,而一个“万顷良田”工程就足抵 3 年用地指标。

2. 集约利用农村集体建设用地。农民集中安置后能够大幅度节约土地。涟水县农民安置房用地只需原来村庄用地的 30%左右,户均“节约”宅基地 0.75亩。新沂县草桥镇“万顷良田”项目实施后,镇区人口由原来的 1 万人扩大到近 2 万人,人口聚集加快。

3. 农民资产大幅度升值。部分地区农民原有住房与新建安置房按照“以一换一”进行置换,建筑面积基本不变,但农民安置房的土地已经转变为国有建设用地,安置房属于“大产权”房,部分农民的房产升值幅度接近 10 倍。

四、面临一些问题

1. 不利于保护农民土地权益。从调研看,挂钩指标是地方政府减少农村集体建设用地(农民宅基地),增加城镇建设用地的媒介。结果就是农民宅基地权利交换为挂钩指标,这种土地权利换指标,而非土地价格的做法损害了农民权益。而把其他土地转征收为国有土地的做法进一步削弱了农民的谈判地位,最终把农民排除在分享土地增值收益的进程之外。

2. 不符合小城镇发展规律。产业发展是形成小城镇的逻辑前提。而从“万顷良田”工程等做法来看,先建设安置小区,使农民集中居住,然后再谋求产业发展,解决农民就业问题,这一做法本身不符合小城镇的发展规律。从实地调研看,没有发展相应的产业,农民集中居住小区内,仍然是老人儿童留守,还是留不住年轻劳动力,也难以形成小城镇。

3. 成本较高。根据对涟水县、新沂县的调查,“万顷良田”工程成本不断抬高。2012 年新沂市“增减挂钩”项目成本只有 8 万/亩,而“万顷良田”则要 20 万/亩。实际上,杨县长认为,“万顷良田”和“增减挂钩”本质相同,都是以减少的农村集体建设用地,置换成新增的城镇建设用地,“万顷良田”大片区、大规模的村庄拆迁,成本自然更高。

4. 公共服务和管理难度大。一是缺乏公共服务。农民一旦集中安置,就需要绿化、保洁、垃圾处理等公共服务支出。涟水县农民集体经济薄弱,村集体缺钱,老百姓不会支付这些费用,政府也缺乏后续管理和服务的投入,造成政府与农民之间的矛盾。二是管理难度加大。农民散居时,主要由农村声望较高的村民小组组长等人协助政府管理。集中居住之后,社区中往往会形成意见领袖,增加了政府管理的难度。

五、几点期盼

1. 出台《农村集体建设用地流转办法》

首先,国家要出台农村集体建设用地流转办法,开启农村集体建设用地进入市场的通道。其次,要进一步规范农村集体建设用地使用权流转市场,明确村集体、农民的主导地位,建立“农民主导、政府服务”的市场模式。第三,要探索集体土地公有制框架下的农民所有权、收益权的实现形式,纠正任何不利于保护农民土地权利、不利于小城镇发展的做法。

2. 切实尊重农民意愿

农村集体建设用地使用权流转过程中,一要程序透明。要以说明会、沟通会和听证会等方式,让农民了解开发成本和收益。二要遵从农民意愿。少数农民要求原位置保留建筑物的,可采取“开天窗”办法保留房屋,并给予相应的基础设施配套。三是对于有务农意愿的农民，要在工程区内划设部分农地，建设好相应的水利排灌基础设施，承包给农民。

3. 防止土地过度消耗

2003年至2012年，涟水县县城人口从12.8万（其中非农业人口10.2万人）增长到2012年的28万（其中暂住人口0.8万），增长了119.4%，而建成区面积则相应地从13.4平方公里增长到31.5平方公里，增长了135.6%，比人口增长速度快了16.2个百分点。实际上，同期江苏省县城人口增长了50.3%，而建成区增长了75.6%，快了25.3个百分点。根据我们对徐州的调研，徐州市计划把自然村从10 383个合并为4 639个，大量村庄拆迁合并将会出现。因此，要引起警惕，制定一套土地集约利用保障机制，防止土地过度消耗。

4. 促进城镇土地利用从增量向存量转变

解决城镇建设用地不足问题，除了通过减少农村集体建设用地、增加城镇建设用地之外，更重要的是建立起存量土地开发利用机制。要支持有条件的地区加快城中村、旧城改造工作，提高城镇化质量。尽快建立低效土地开发再利用配套制度，保证农民与村集体能够合理分享土地增值收益。

案例二：深圳市"小产权房"调查启示

深圳市小产权房开发过程以村集体与个人为主要的开发主体、建设周期短、以"合作建房"的名义销售、购房者获得"两证一书"等为主要特征。小产权房市场呈成本低、利润高；价格低、受欢迎；市场规则完备等特点。主要问题是土地使用权非法流转；土地管理、农用地保护面临严峻挑战；购房者承担所有风险。目前深圳住宅总面积约为2.6亿平方米，其中小产权房高达1.6亿平方米，比例已经超过60%①。深圳市小产权房分布范围广，但关内比例较小，绝大部分分布在关外，数量分布呈现离市区越远比例越高的现象。宝安区某镇在售或在建的统建楼盘在50个以上，住房多达5万套以上。小产权房在政府的三令五申下反而越禁越多、越建越密。调查启示是，分类管理小产权房有利于增加当地农民收入；关键不是缺乏市场化交易机制而是缺乏规范管理；乡镇级政府承担"小产权房"乱象的主要责任；严格执行现有法律条款能够治理好"小产权房"乱象。

① 众厦地产，《小产权房专题研究》报告，2009年6月27日。

一、深圳小产权房开发过程

深圳小产权房开发包括土地使用权获取、房屋建设、房屋出售等过程。

（一）村集体与个人是主要的开发主体

个人与村集体拥有土地使用权，也是主要的开发主体。个人开发主要包括本地村民和外地商人，规模较小。本地村民主要是利用自己的宅基地使用权开发房屋，外地商人与村集体签订土地购买协议，获取《居民(私人)兴建住宅用地批准通知书》，凭此通知书缴纳土地使用的有关税费、办理报建等手续。在拥有土地使用权的地面上以私人名义建设住房，规模一般较小，在几十套到几百套不等。村集体开发则规模较大。村集体主要利用村建设用地，村里荒地、草地建设小产权房。深圳龙岗区某镇村集体开发了上万套小产权房待售。

（二）建设周期短

小产权房的楼盘小，村镇规划时间短，土地取得、建筑施工过程简单，缺乏建筑质量监控、物业入住等环节。一般来说，小产权房从动工到现房销售只需半年左右。相对而言，一般商品房从“地块拍卖—楼盘动工—物业入住—开发商交楼”需要 2～3 年，而保障房建设开发周期则比商品房还要长 1～3 年。

（三）以“合作建房”的名义销售

小产权房建成之后，开发者以“合作建房”的名义将房屋销售给购房者，并和购房者签订《合作建房协议书》。在《协议书》中主要规定购房者对物业的使用、销售、出租、继承等权利，特别规定了购房者未来的获取拆迁补偿的权利，以及购房者未来缴纳土地开发各种税款、土地出让金的义务。从调查看，拆迁补偿权也是购房者放心买房的主要理由。深圳小产权房开发者一般会花 500 元找律师事务所对《合作建房协议书》的内容进行公证，并由律师事务所出示“《合作建房协议书》的内容是双方真实意思的表示”的见证书。

（四）购房者获得“两证一书”

购房者购买小产权房之后，开发者交付给购房者“两证一书”：由该村村镇建设办公室颁发的《村镇住宅建筑许可证》；由村委办公室颁发的《中华人民共和国建设用地规划许可证》，该证注明土地类型和位置；由所在镇签发盖章的

《××县(区)居民(私人)兴建住宅用地批准书》,《批准书》上注明土地所在村的地段和使用面积。

二、小产权房市场特点

(一) 成本低、利润高

一是建筑成本低。据调查,深圳市普通的小产权房建筑成本在 800 元/平方米左右,部分质量较好、完全仿照一般商品房进行建设的建筑成本也就在 1 000元左右,并且开发者不需要缴纳土地开发的各种税款。二是利润高。根据对宝安区龙华镇某村规划区的调查,其第 65 栋楼房占地 100 平方米(实际占地 350 平方米),该地块是外地商人于 2001 年以 14 万元的价格从村委会购得,土地性质是“荒地”。第 65 栋楼共 15 层(包括 14 层楼房和一层门面),每层 5 套房,均价 14 万/套,合 1 867 元/平方米。除去 800 元/平方米的建筑成本和地皮价格,该栋小产权房毛利在 600 万左右,毛利率超过 100%。

(二) 价格低、受欢迎

深圳市小产权房绝大部分分布在关外,数量分布呈现离市区越远比例越高的现象。总体价格在 1 500～2 500 元/平方米,只有相同地段商品房价格的四分之一左右。课题组调查的新村在汽车站附近,交通比较方便,坐公交车到深圳市中心也就 40 分钟,其销售价格是两居室 13 万/65 平米,三居室 15 万/85 平米,合 1 867 元/平方米,而其附近的商品房价格在 7 500～8 000 元/平方米,价格不到商品房的四分之一,这个价格较受收入不高的购房者欢迎。该村第 65 栋楼房 2010 年 3 月建成,到 5 月份已经销售了三分之二,预计 7 月份就能销售完。根据对该楼已有住户的调查,大部分外地人买房自住,只有 3 家买了用来出租。而部分收入较高的人群,则看中了区位较好的小产权房的投资潜力,购买之后用来出租或做长期投资。

(三) 市场规则完备

在深圳,小产权房在政府管理之外建立了市场规则。一是土地使用权转让手续完备。村集体土地的出让,由村委会开具《深圳市××区××镇××村民委员会统一收款收据》,并加盖村委会的“财务专用章”。开发者据此获得镇人民政府批准的《住宅用地批准通知书》。二是房屋建设手续完备。开发者《项目报建表》获批，在获得《村镇住宅建筑许可证》和《建设用地规划许可证》之后，开始建房。三是房屋销售手续完备。大部分地区在小产权房的交易过程中，也开始引入律师作为见证，买卖双方在律师的见证下签订《合作建房协议书》。除了不能得到金融机构的支持外，小产权房的市场规则和正规商品房没有什么不同。

三、主要问题

（一）土地使用权普遍非法流转

从调查看，龙华镇集体建设用地使用权早在20世纪90年代初就开始村外流转，被调查的龙华镇某村建设小产权房的大多是外地老板(深圳市外)。部分建设小产权房的集体建设用地使用权已经经手四五个人。《土地管理法》第63条则规定"农民集体所有的土地的使用权不得出让"；《国务院办公厅关于严格执行有关农村集体建设用地法律和政策的通知》第二条规定，农村住宅用地只能分配给本村村民，城镇居民不得到农村购买宅基地、农民住宅或"小产权房"；《物权法》规定"宅基地使用权的取得、行使和转让，适用土地管理法等法律和国家有关规定"；对农村宅基地只能在村集体内部流转，不能转让给集体经济组织以外的居民、单位的规定进一步强步。国土资源部2009年6月9日强调"小产权房"实质是违法建筑，违反土地管理法律，违反城乡规划、建设管理的法律，违反相关政策，各地要严格依法查处大量存在的"小产权房"等违法用地、违法建筑行为。然而，从深圳小产权房实际情况看，这些法律形同虚设。

（二）土地管理、农用地保护面临严峻挑战

根据对龙岗区某村小产权房的调查，该农用地100平方米，2007年由开发者以26.8万元的价格购得，而土地性质则表明为"旱地"。该地段原来大部分是农用地，现在都建设成了小产权房和商品房的住宅区，目前土地价格超过3 000元/平方米，农用地保护根本无从谈起。

土地价格贵，房子又以建筑面积销售，导致小产权房违章占地现象非常普遍。根据对宝安区和龙岗区两处小产权房用地的调查，两处地皮都标明100平方米，实际上龙岗区的占地300平方米，宝安区的占地350平方米。实际上，违章扩建、尽可能扩大房屋建设面积的现象非常常见，镇政府一查，缴纳违建罚款了事。违章建设土地是报建土地面积的2～3倍，已经是业内共识。

（三）购房者承担所有风险

小产权房开发者的资金回笼非常快，风险很低。购房者购买小产权房不能从银行贷款，房款要一次性付清，大大降低了开发者的风险，而各种风险基本上由购房者承担。一是承担房屋的质量风险，小产权房建设周期短、建安成本低，建筑公司资质不高，缺乏必要的质量监督，工程质量上无法得到保证。一旦房屋出了质量问题，购房者投诉无门。二是承担政策风险。首先，要承担能否获得房屋拆迁补偿的风险。尽管买卖双方的《合作建房协议书》规定，拆迁补偿归购房者所有，但是，大多数购房者并不知道该小产权房是否是违法建筑，是否符合拆迁补偿标准。部分小产权房是占用耕地违法建设的，是违法建筑，实际上属于在政府规定范围以外的违章建筑，如果和国家的规划相冲突，还很有可能被拆除，而且业主也不会得到拆迁安置补偿。其次，由村委会颁发“两证一书”，不具备国家认可的产权法律效力。根据《合作建房协议书》，购房者有未来缴纳土地开发各种税款、土地出让金的义务，宝安区有些地方要求购房者补缴的金额高达600元/平方米。

四、几点启示

（一）分类管理小产权房有利于增加当地农民收入

市场上销售的本村村民依照法定程序自建的“小产权房”比例不高，大部分是外地老板购买地皮、村集体利用集体建设用地建设“小产权房”进行销售。主要原因是“小产权房”建设不能融资、初期投入的建筑成本较大。以前文所述龙华镇某村第65栋楼房为例，该栋楼房共计70套，初期投入超过500万，普通村民没有这么多的资金。分类严格管理外地老板、村集体建设的“小产权房”后，市场上供出售、出租的房屋减少，房屋价格、租金提高，当地农民收入会增加。

（二）不是缺乏市场化交易机制而是缺乏规范管理

深圳小产权房的建设、销售、交易、转让在政府管理之外有一套完备的市场交易规则。土地使用权转让手续、房屋建设手续、房屋销售手续都很完备，已经形成了农村宅基地用益物权的交易市场和交易机制。因此“小产权房”不是缺乏市场建设，而是缺乏规范管理。主要是规范土地规划，禁止违法乱建；规范土地流转，防止国家税款流失；规范房屋建设，保证房屋质量；规范房屋销售，降低购房者风险。

(三) 乡镇级政府承担“小产权房”乱象的主要责任

一是放宽土地使用权流转监管。乡镇政府允许外地商人来本地购买集体建设用地,并以外地商人的个人名义建设“小产权房”。二是放松“小产权房”违章处罚力度。乡镇政府允许大部分违章“小产权房”的存在。比如龙华镇某村第 65 栋楼房规划占地 100 平方米,实际占地 350 平方米,规划建设 3 层,实际建设 15 层(第一层为门面),严重违反该房屋各种建设证书和规章要求。而镇、村获得罚款收入,违章建筑依然存在。三是鼓励“小产权房”的市场销售。当地政府和村集体发给购房者无效力的“两证一书”,并默许律师事务所为“小产权房”进行见证,误导了购房者,让购房者承担所有风险。

(四) 严格执行现有法律条款能够治理好“小产权房”乱象

一是在落实农民房屋产权的基础上严格执行“集体建设用地不得村外流转”条款,保护当地农民的利益。二是加大土地管理、农用地保护力度。三是加大执行违章建筑处罚力度,提高开发者成本和风险预期,降低其收益。四是落实乡镇级政府土地部门责任,依法查处包庇纵容变相进行房地产开发的行为,对于造成国家税收损失的要追究责任。五是采用经济手段,严格征收“小产权房”的税款、土地出让金等。六是宣传购买非法“小产权房”的潜在风险,提高购房者风险意识,降低购房需求。

第十二章

宅基地置换收益分配

——基于J市的案例研究[①]

近几年来，在国家实行最严格的耕地保护制度和节约用地制度背景下，不少地区开始从农村宅基地、农村建设用地上找出路，进行自然村撤并、村庄整理、集中居住，以整理出的农村宅基地、建设用地，置换为城镇建设用地，以减少农村建设用地为前提增加城镇建设用地。针对近年来一些地区开展的宅基地置换的做法，本文以J市为案例进行研究。近年来，J市在统筹城乡发展、推进城乡一体化方面颇有成效，然而作为东部发达地区，J市在工业化、城市化过程中也面临着工业用地和城市建设用地不足的瓶颈，以及农民建房散乱、农村宅基地闲置等问题。2008年以来，J市借助统筹城乡综合配套改革试点地区的机遇，推行以农村宅基地置换城镇房产、土地承包经营权置换社会保障的土地使用制度改革试点工作，并形成所谓的"J市模式"，并将这一工作作为该市深化城乡综合配套改革的重点与城乡经济社会发展一体化新格局的关键来抓。目前，该市在9个镇进行试点，涉及区域总面积255.3平方公里，涉及农户3.71万户共13.7万人。宅基地置换为工业与城市发展换出了空间，在一定程度上促进了土地集约利用与新农村建设，但也存在着农民宅基地权益得不到保障等一系列问题。本文通过构建地方政府、农民决策模型，对J市宅基地置换进行实证分析。在分析地方政府、农民在宅基地置换中的目标函数、行为的基础上，分别构建出地方政府、农民决策模型，指出农民按照面积获得的补偿价格比例是地方政府是否推进宅基地置换与农民是否接受的关键因素。然后，文章分析了J市宅基地置换的背景、过程及增值步骤，并利用地方政府与农民的联合决策模型对J市宅基地置换中政府和农户决策的影响因素，置换的实现条件和结果，以及农户补偿过低、地方政府实现巨额收益的原因进行实证分析，并进一步

---

① 作者：伍振军、张云华、孔祥智，本章成稿时间为2010年，本章大部分内容以《宅基地置换增值收益分配一基于J市的案例研究》为题，发表在《江汉论坛》，2010年，第9期上。

指出了地方政府在宅基地置换过程中的行为界限。结论是J市宅基地置换的实质是低成本占用农民宅基地，不利于耕地质量保护，农民也不可能过上“城里人的生活”，应审慎推行。

一、宅基地置换中的地方政府、农民决策模型

（一）地方政府、农民行为

根据制度学派的观点，个人、企业和政府是市场经济体制中三个基本的行为主体，每个行为主体都有自己的行为目标函数，这就是收益最大化。而目前大部分地区中基层政府既是土地使用权流转的主导者，也是受益者、参与分配者。Andrew G. Walder(1995)认为，我国“财政包干，分灶吃饭”的财政体制改革刺激了地方政府谋求经济发展以获取较大的财政收益，导致了经济转型中政府行为和角色的转变。他考察不同层级的政府在组织特征方面存在的差异，阐明了为什么地方政府与高层政府相比，具有更大的动机和能力行使作为所有者的权益，形成了“政府即厂商”的理论。Jean C. Oi(1995)指出，我国地方经济发展是考评政府官员政绩的一个指标，新的制度激励地方官员最大化当地的利益而不是整个国家的利益。地方政府在经济发展过程中不再仅仅充当行政服务角色，而且充当着企业家角色的作用。邹东涛、席涛(2002)认为政府是宏观经济的行为主体，其目标函数是经济发展。

本文借鉴前人的研究成果，以“政府即厂商”理论为基础，认为在目前的财政体制下，作为集体土地使用权流转的主导者，地方政府在理性条件下的目标函数就是收益最大化。基于此，本文建立起地方政府决策模型，分析了以收益最大化为目标函数的地方政府在宅基地置换中的成本与收益，及其决策行为。

本文认为农民作为理性的、失去主导地位的参与者，也会在有限的条件下追求个人收益最大化。本文则以个人利益最大化为目标函数，建立农民决策模型，分析农民在宅基地置换中的成本与收益，及其决策行为。在此基础上，本文建立起地方政府、农民联合决策模型，分析宅基地置换的实现条件，并计算农户与地方政府的行为界线。

（二）地方政府决策模型

假设一般的宅基地置换情形：

1) 设宅基地置换面积为Q，需要安置农民人数为N；

2）地方政府获得的新增土地面积占宅基地置换面积的比例为 λ；

3）土地市场出让土地的价格为 $P=P(Q)$，宅基地复垦价格为 ηP，农民按照面积获得的补偿价格为 δP；

4）地方政府从金融市场借款支付宅基地置换的项目的前期支出，借款利率为 r，项目周期为 T。

5）农民在农村每年人均生活支出为 C_R，农民预计在新社区每年人均生活支出为 C_U，原来的房屋成本为 C_H。

根据以上五个假设，分别建立地方政府和农民决策模型，分析地方政府和农民的决策行为。

在不计算地方政府其他成本与收益的情况下，地方政府的总收益来自新增土地在土地市场出让的收益，总收益 $R_G(P,Q)=P\times\lambda Q$。

地方政府的成本主要是宅基地复垦支出、给农民的补偿以及借款利息支出，其总成本为 $C_G=(\eta+\delta)P\times Q+(\eta+\delta)P\times Q[(1+r)^T-1]$。

则利润函数 $\pi=P\times\lambda Q-(\eta+\delta)P\times Q-(\eta+\delta)P\times Q[(1+r)^T-1]$。

简化为 $\pi\approx P\times\lambda Q-(\eta+\delta)P\times Q(1+T\times r)$。

对追求收益最大化的地方政府来说，推进宅基地置换则要求 $\pi\geqslant 0$，即有：
$P\times\lambda Q-(\eta+\delta)P\times Q(1+T\times r)\geqslant 0$

则有：$\delta\leqslant\dfrac{\lambda}{1+Tr}-\eta$ （1）

结论是如果新增土地面积占宅基地置换面积的比例 λ、宅基地复垦价格比例 η、项目周期 T、借款利率 r 都是固定的，那么地方政府是否会推进宅基地置换取决于农民按照面积获得的补偿价格比例 δ。在 $\delta\leqslant\dfrac{\lambda}{1+Tr}-\eta$ 时，地方政府就会推进宅基地置换。仅当 $\delta=\dfrac{\lambda}{1+Tr}-\eta$ 时，地方政府才会停止宅基地置换。

（三）农民决策模型

农民在追求收益最大化的情形下，考虑其收益与成本。对农民来说，农民获得的补偿为其全部收益，则其总收益 $R_P(P,\ Q,\ N)=\dfrac{\delta PQ}{N}$。

农民原来的房屋成本为 C_H，在新社区每年需要多支出的生活费用为 C_U-C_R，不计其他费用，在长期借款利率为 r' 的情况下，农民面临的总成本的现值 $C_P=C_H+\dfrac{C_U-C_R}{r'}$。

那么，对农民来说，决定宅基地置换则要求 $\pi_P = R_P - C_P \geqslant 0$，即有：$\pi_P = \frac{\delta PQ}{N} - C_H - \frac{C_U - C_R}{r'} \geqslant 0$。

则有：$\frac{\delta PQ}{N} \geqslant C_H + \frac{C_U - C_R}{r'}$。

简化后得：$\delta \geqslant \frac{(C_H + \frac{C_U - C_R}{r'})}{PQ/N}$ (2)

结论是短期内，宅基地置换面积 Q、需要安置农民人数 N、土地市场出让土地的价格 P、农民在农村每年人均生活支出 C_R、农民预计在新社区每年人均生活支出 C_U、原来的房屋成本 C_H 不会改变，那么在其他条件不变的情况下，对农民来说，是否接受宅基地置换也取决于农民按照面积获得的补偿价格比例 δ。只要 $\delta \geqslant \frac{(C_H + \frac{C_U - C_R}{r'})}{PQ/N}$，农民就会接受宅基地置换，仅当 $\delta = \frac{(C_H + \frac{C_U - C_R}{r'})}{PQ/N}$ 时，农民才会放弃宅基地置换。

从长期来看，房屋成本越小、消费差距越小、借款利率越高，越容易导致农民做出宅基地换房的决策。在其他条件不变的情况下，农民个人的宅基地面积越大，给予的补偿比例越高，越容易导致农民做出宅基地换房产的决策。

二、J 市宅基地置换和增值过程

J 市宅基地置换包括置换及增值两个过程。通过宅基地置换，腾退出大量农村宅基地，新增了大量城市和工业建设用地。通过利用金融、土地市场，实现宅基地增值之后，部分农民增加了“财产性”收入，而当地政府取得了巨额收益。

（一）J 市推进宅基地置换的背景

J 市推进宅基地置换基于经济发展导致土地需求的急剧增长，而宅基地置换可节约农村建设用地，促进新农村建设等方面的考虑。

1. 经济发展导致土地需求急剧增长

近年来，J 市经济高速发展，自 2002 年至 2007 年，年经济增长率都超过 13%。2007 年，J 市实现 GDP 1 585.18 亿元，扣除价格变动因素，比上年增长 14.4%，按户籍人口计算，人均 GDP 达 47 153 元，比上年增长 14.0%。相应地，在经济增长方式、城市扩张方式尚未根本改变的情况下，J 市土地需求也急剧增长，土地价格不断攀高，2007 年 J 市房地产土地交易价格指数达到 125.8（以 2001 年为基准年），再加上国家对供地总量的严格控制，J 市土地指标已经非常紧张。“我们去年发展二、三产业建设用地共计使用了 4 000 余亩土地，而国家批给我们的新增建设用地指标仅为 800 亩。”J 市某区相关负责人表示。去年该区约有五分之四的新增建设用地来自于内部挖潜——宅基地置换。

2. 宅基地置换可节约农村建设用地

J 市是平原水乡，农民大多沿河分散居住，户均宅基地占地 1.1 亩，宅基地占地面积较大。“宅基地置换城镇住房”后，联排或单幢独户平均占地控制在 0.4 亩以内，公寓式安置则在 0.3 亩以内，户均可节约 0.75 亩，土地节约明显。宅基地置换可以解决农民建房散乱，部分农村宅基地闲置的问题，在一定程度上能盘活农村宅基地，减少农村建设用地数量，集约利用土地资源，优化城乡土地、人口和生产力布局，扩展区域经济社会发展空间。

3. 宅基地置换可促进新农村建设

J 市农村居住布局呈松、散、乱形态，基础设施建设分摊成本高且全面覆盖农村居民难度大，公共服务也很难提供到位。宅基地置换推进了农民集中居住，推动了城市基础设施向农村延伸、城市社会事业向农村覆盖，改善了农村生产生活条件和生态环境质量，促进了农村新社区建设。J 市前几年推进新农村建设中一些钱花得很冤枉，投资近千万元给一些分散的自然村修桥修路，过两年村里人都搬到城镇居住了，桥、路也就荒废了；政府投资给农村村庄修建的花坛、广场等设施，因为村里人少，没人维护，变得杂草丛生、破败不堪。并且，由于农民分散、沿河而居，自来水、燃气等管道设施铺设、维修等成本非常高，自来水、燃气价格也就很高，农民用不起，浪费了铺设设备设施的钱。而通过宅基地置换，农村居民集中建房，节约了大量建设资金，有线电视、宽带网、自来水、燃气、通信等基础设施和教育、文化、卫生、体育等等公共服务就很容易跟上来。

（二）宅基地置换过程

1. 宅基地置换方式

当地政府在宅基地置换的过程中采取三种方式安置、补偿放弃宅基地的农户。一是补偿农村宅基地置换公寓房。当地政府利用划拨的土地周转指标修建公寓房，在把人均置换面积控制在一定范围内后，将公寓房低价卖给认定的农户。二是补助农户异地集中自建公寓房。政府承担农户集中自建联排复式公寓房的部分费用。三是实行货币安置，根据农户原有住房的建设成本、宅基地面积等协商安置价格。在实际操作中，选择第三种方式的农户几乎没有，比如该市某村总户数 678 户，评估签约的有 563 户，其中选择异地集中自建的农户占 45%,选择置换公寓房安置的占 55%,没有农户选择货币安置。第一、二种方式是主要方式,而这两种方式则需要宅基地置换。

2. 宅基地置换过程

从实际情况看,J 市宅基地置换过程可以概括为四个步骤、三块土地,过程如图 12－1 所示(在同一地块上的操作用实线表示,在不同地块上的操作用虚线表示):

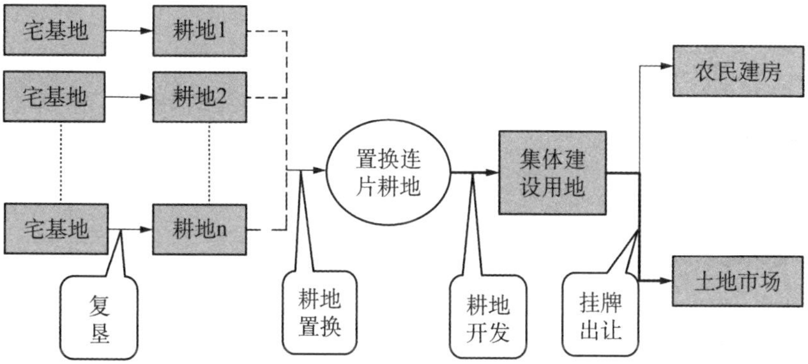

图 12－1 宅基地置换过程图

步骤一,宅基地复垦。当地政府成立投资公司,负责把农民置换出来的零散宅基地复垦为耕地。

步骤二,土地置换。零散宅基地复垦之后,当地政府集中划拨具有升值潜力、区位较好的等面积的建设土地或者基本农田给投资公司。

步骤三,耕地开发。投资公司对划拨耕地进行平整开发,一定比例的土地用来建设住房,安置置换出宅基地的农民。

步骤四,挂牌出让。投资公司对余下的一定比例的耕地进行进一步的开发,建设好基础设施,在土地市场挂牌出让。

3. 腾退出大量农村宅基地,新增了大量城市和工业建设用地

据估计,计入农户住宅建筑面积和生产、生活辅助用房建筑面积,J 市农户人均宅基地 1.1 亩,通过宅基地置换,除了一小部分用来给农民建房产之外,当地政府可以获得大量新增土地。比如,该市某试点镇宅基地置换共涉及农户 4 011户,宅基地面积 4 158 亩,采取新社区公寓式安置需用地面积 1 203 亩,可新增建设用地 2 955 亩。J 市 9 个试点镇共有 3.71 万户农户,以户均“节约”土地 0.75 亩计算,可新增土地 27 825 亩。J 市 2007 年房地产新开工面积为7 830 亩,新增的土地足够该市房地产开发用三年。

(三) 宅基地增值过程

宅基地增值过程涉及金融、土地市场两个市场,包括四个步骤。宅基地增值之后,部分农民增加了"财产性"收入,当地政府取得巨额收益。

1. 实现宅基地增值的两个市场

一是金融市场。当地政府成立投资公司,构筑融资平台,从金融市场借入巨额资金,作为实施"两分两换"各方面工作的先行投入。这些投入包括:融资用于宅基地复垦;用于城镇公寓房、联排公寓房建设;奖励和补助放弃宅基地的农户等。二是土地市场。当地政府把农村宅基地置换出来后新增的土地划拨出来,作为房地产、商业地产开发和工业建设用地在土地市场出让,实现了宅基地增值。之后,当地政府将新增土地的部分出让收益来支付银行借款(用于农村宅基地复垦、新社区开发建设,土地整理等)及各项费用(如图 12-2 所示)。从而实现了宅基地增值。

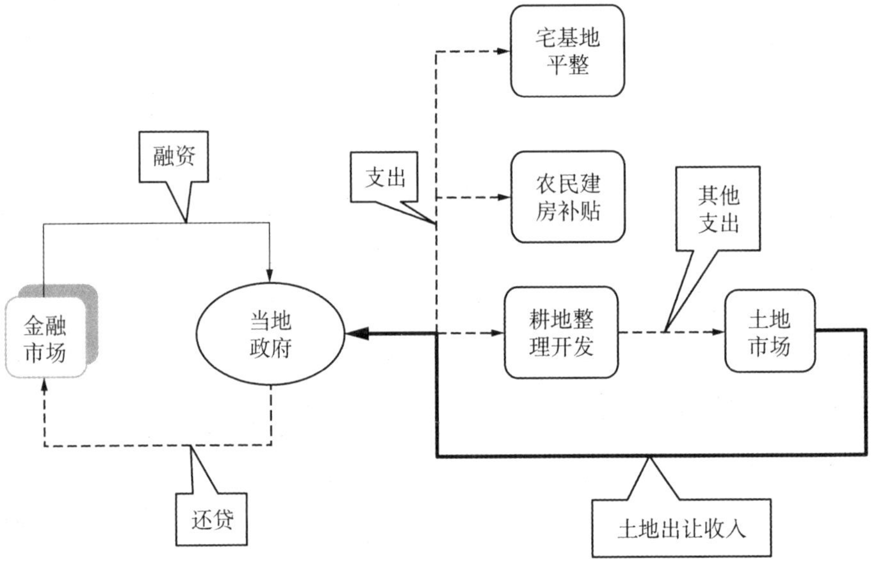

图 12-2 实现宅基地增值的金融、土地市场及宅基地增值过程

2. 宅基地增值过程

宅基地增值过程包括四个步骤。鉴于当地政府宣称新社区建设的城镇公寓房、联排公寓房是完全按照成本价销售给农民,下列过程认为投资公司建设城镇公寓房、联排公寓房销售给农民获得的利润为零,这个步骤予以省略。当

地政府的收入(用实线)和支出(用虚线)表示如图 12-2 所示。

步骤一,融资推动。政府成立投资公司,融资开展宅基地置换工作。试点镇政府成立投资公司,构筑融资平台,从银行借入巨额资金,作为宅基地置换各方面工作的先行投入。比如在该市 YX 镇政府的支持下,镇属两家投资公司分别申请银行贷款,其中,镇改造建设有限公司向省农业发展银行 J 市支行贷款 2.4 亿元,该镇投资开发公司向中国建设银行 J 市分行贷款 2.6 亿元,用于推动宅基地置换工作。截止到调查时,J 市已组建了 8 个建设和投资主体,注册资金 8.75 亿元,融资达 14.1 亿元。

步骤二,先期投入。一是投入于宅基地复垦。二是投入于城镇公寓房、联排公寓房建设。三是奖励和补助放弃宅基地的农户。比如该市 YZ 政府规定,按照人均 40 平方米标准,以低于成本价 600 元/平方米的价格把公寓房卖给选择置换的农户,并奖励 200 元/平方米,对自愿置换的按家庭人口每人奖励 1 万元。四是补助农户异地集中自建公寓房。政府承担农户集中自建联排复式公寓房的部分费用,比如 YZ 镇对户型占地面积符合要求的农户,补助占地面积 85 平方米的大户 6.6 万元,75 平方米的中户 5.8 万元,60 平方米的小户 3.6 万元。

步骤三,获得新增土地收入。"农村宅基地置换房产"后,当地政府把新增的土地集中划拨出来,用于房地产、商业地产开发和工业建设用地。通过新增土地的出让收益来支付农村宅基地复垦、新社区开发建设等各项费用。

步骤四,偿还贷款。通过新增土地的部分出让收益来支付宅基地置换的先期贷款。

3. 部分农民增加了"财产性"收入,当地政府取得高额收益

部分农民增加了"财产性"收入。该市 QX 镇农民徐志明原有的农村宅基地置换了两套城镇住房和 50.56 平方米的标准厂房。他说:"原先农村那套老房卖不到 5 万元,而且如果出让也属非法买卖。城镇的住房有产权证,可以光明正大上市交易,我家仅房产就增值了 50 多万元。"而对当地政府来说,除去各项支出,最后仍可结余高额收益,这极大地激励了政府宅基地置换的热情。

三、实证分析

(一) 宅基地置换的实现条件

宅基地置换是否实现取决于地方政府与农民的联合决策行为。在地方政

府、农民追求收益最大化的分析框架下，同时满足(1)、(2)式，则能实现宅基地置换。即：

$$\begin{cases} \delta \leqslant \dfrac{\lambda}{1+\mathrm{T}r} - \eta & (1) \\ \delta - \dfrac{\left(\mathrm{C_H} + \dfrac{\mathrm{C_U} - \mathrm{C_R}}{\mathrm{r}'}\right)}{PQ/\mathrm{N}} \geqslant 0 & (2) \end{cases}$$

联立(1)、(2)式有：

$$\frac{\left(\mathrm{C_H} + \dfrac{\mathrm{C_U} - \mathrm{C_R}}{\mathrm{r}'}\right)}{PQ/\mathrm{N}} \leqslant \delta \leqslant \frac{\lambda}{1+\mathrm{T}r} - \eta \tag{3}$$

可见在其他条件不变的情况下，宅基地置换只取决于农民按照面积获得的补偿价格比例 δ。

可见：

1）在地方政府、农民追求收益最大化的情况下，如果农户获得的补偿价格比例 $\delta < \dfrac{(\mathrm{C_H} + \dfrac{\mathrm{C_U} - \mathrm{C_R}}{\mathrm{r}'})}{PQ/\mathrm{N}}$，或者农户要求的补偿价格比例 $\delta > \dfrac{\lambda}{1+\mathrm{T}r} - \eta$，则宅基地置换不可能实现。

2）满足(3)式，$\delta \in \left[\dfrac{(\mathrm{C_H} + \dfrac{\mathrm{C_U} - \mathrm{C_R}}{\mathrm{r}'})}{PQ/\mathrm{N}}, \dfrac{\lambda}{1+\mathrm{T}r} - \eta\right]$ 时，宅基地置换可以实现。并且，当 $\dfrac{(\mathrm{C_H} + \dfrac{\mathrm{C_U} - \mathrm{C_R}}{\mathrm{r}'})}{PQ/\mathrm{N}} = \delta$ 时候，农民获得的净利润为 0，地方政府实现了最大利润。当 $\delta = \dfrac{\lambda}{1+\mathrm{T}r} - \eta$ 时，农民实现了最大利润，地方政府获得的净利润为 0。

（二）实证检验

从 J 市实现了宅基地置换的九个试点镇之一的 YZ 镇来看，该镇 4 805 户共 18 049 人，户均宅基地 1.16 亩，农民宅基地总计 5 363.8 亩，该镇规划的农村新社区按照农村宅基地(住房)以一换一进行置换，需用地 1 737 亩，户均“节约”用地 0.75 亩，新增建设用地 3 626.8 亩。

1）$\lambda = 0.676$。根据模型假设，YZ 镇土地出让面积占宅基地置换面积的比例为 λ = 土地出让面积 / 宅基地置换面积 = 3 626.8/5 363.8 = 0.676。

2) $\delta=0.37$。YZ 镇新增建设用地 3 626 亩，根据 YZ 镇基准地价，按照商业用地占 20%，住宅、工业用地各占 40%计算。一级地价格 34.6 万元/亩，二级地价格 25.8 万元/亩，各占 50%计算，土地出让价格为 30.2 万元/亩。YZ 镇支付给公寓房置换农户的人均补偿约 4 万元，支付给自建公寓房的人均补偿约 2.5 万元。按照标准公寓房占 55%，联排式公寓占 45%，18 049 人计算，亩均补偿价格=人均补偿价格×人口总数/宅基地置换面积=11.2 万元。那么，农户补偿的价格比例为 $\delta=$ 亩均补偿价格 / 土地出让价格 $=11.2/30.2=0.37$。

3) $\eta=0.06$。按照该省 1998 年开展农村宅基地整理以来的宅基地复垦价格 1.76 万元/亩[①]计算(《省农居点用地复垦工程建设标准研究报告》指出，宅基地复垦 6.8 万亩，投入资金约 12 亿元，则平均为 1.76 万元/亩)。那么，该镇宅基地复垦价格比例 $\eta=$ 宅基地复垦价格 / 土地出让价格 $=1.76/30.2=0.06$

4) $r=5.4\%$。YZ 镇项目延续时期大约为 3 年，3 年期商业银行贷款利率为 5.4%。

1. 农户应得补偿金额

从 J 市 YZ 镇的实际情况看：$\lambda=0.676$，$\eta=0.06$，$r=5.4\%$，$T=3$，农户获得的补偿价格比例 $\delta=0.37$，补偿金额为 3.33 万元/人。如果在地方政府只提供公共服务，不参与分配，也就是说农民实现了最大利润，地方政府获得的净利润为 0 的情况下，$\hat{\delta}=\dfrac{\lambda}{1+Tr}-\eta=0.522$。此时，农民获得的补偿价格约为 15.8 万元/亩，合计 4.7 万元/人，比目前高出 1.36 万元/人，是目前的 1.41倍。

实际上，从长期看，农户获得的补偿金额不够生活成本。根据 J 市年鉴统计数据，J 市 2007 年农村居民人均生活费用支出为 6 046 元(不包括住房)，城镇居民人均消费性支出为 13 016 元，是农村居民的两倍多。农民如果要达到城镇居民人均消费水平，以长期 2009 年商业贷款五年期以上贷款基准利率 5.94%计算。农民的消费之差的现值为 $\dfrac{C_U-C_R}{r}=(13016-6046)/5.94\%=$ 117 340 元。不算个人房屋成本，及其他收入的情况下，农民宅基地换房产的补偿至少要有 11.7 万元。

2. 政府实现巨额额外收益

从追求收益最大化的地方政府的决策依据来看，满足 $\delta\leqslant\dfrac{\lambda}{1+Tr}-\eta$，推

① 《Z 省农居点用地复垦工程建设标准研究报告》，来源于 Z 省土地整理中心，2008 年，P10。

进宅基地置换就有利可图。根据(1)式，当 $\hat{\delta} = \frac{\lambda}{1 + \mathrm{T}r} - \eta$ 时，$\hat{\delta} = 0.522$，只要 $\delta < \hat{\delta}$，作为收益最大化的地方政府，有激励推进宅基地置换。根据 YZ 镇的实际情况计算得 $\delta = 0.37$。那么地方政府会大力推进宅基地置换。一直到 $\delta = 0.522$ 的时候才会停止。实际上，按照 J 市 9 个试点镇 3.71 万户农户、13.7 万人计算，仅仅在 9 个试点镇，J 市政府可以实现额外收益 18.6 亿元。

(三) 地方政府的行为界限

大部分学者不赞同地方政府作为收益分配主要参与者。理由是：首先地方政府不是土地的权利人，没有理由参加流转收益分配，即使政府作为投资者使土地增值也是职责使然；其次，现实流转中，大部分基层政府是土地流转的主导者，如果又是土地流转的受益者，很可能导致土地供给失控，扰乱正常市场秩序。李延荣(2006)、张新桥(2007)认为应将土地所有者、使用者和国家作为土地使用权流转收益分配的主体，地方政府既不是土地所有者，又不是土地使用者，没有理由参与土地流转收益分配。王文、洪亚敏、彭文英(2009)认为各级政府部门(市县、乡镇、村)应退出市场交易，仅限于管理职能。这样既可避免经营目标与管理目标之间的冲突及由此产生的非法流转冲动，又可保证土地所有者和使用者权益的完整性。李庆海，梁斌(2009)认为利益体制中不应包括政府机构，政府机构本身不能作为这种交易的主体，只能对该种交易做一定程度上的指导和监督，所以不应从中获益。当然，也有学者主张集体土地使用权流转收益分配主体应包括地方政府，国家的收益可以税收的形式实现。卢吉勇等(2002)、吕传进(2005)则认为政府的基础设施建设带来了土地增值，理应参与收益分配。

本文借鉴大多数学者的研究成果，认同农民宅基地所有权归属集体、使用权属于农民，不赞同地方政府成为宅基地置换收益分配主要参与者。并且，2010 年中央 1 号文件明确指出："农村宅基地和村庄整理后节约的土地仍属农民集体所有，确保城乡建设用地总规模不突破，确保复垦耕地质量，确保维护农民利益。"农民对集体所有的宅基地依法享有占有、使用和收益的用益物权，并且这种权利具有排他性，是农民自己的，而不是集体的、更不是政府的。地方政府只应提供公共服务，不参与分配。从实际操作来看，根据(3)式，地方政府推进宅基地置换时，采取的补偿比例应为 $\delta = \frac{\lambda}{1 + \mathrm{T}r} - \eta$。从 J 市来看，该试点镇 YZ 镇农民应该获得的补偿价格约为 4.7 万元/人，而不是目前的 3.33 万元/人。按照 J 市 9 个试点镇 3.71 万户农户、13.7 万人计算，J 市政府应该向农民退还额外收益 18.6 亿元。

四、结论和建议

根据地方政府、农民决策模型的分析结论，本文认为宅基地置换的实质是低成本占用农民宅基地，不利于耕地质量保护，农民也不可能过上“城里人的生活”。因此，应审慎推行宅基地置换，切实保障农民排他性的宅基地用益物权，加强耕地质量保护。

（一）宅基地置换的实质是低成本占用农民宅基地，应审慎推行宅基地置换

在宅基地置换过程中，地方政府把农民宅基地集中起来，划出一小块作为失去宅基地农民的安置用地，另外一大块作为建设用地出让，进入城市土地市场，这实际上就是地方政府低成本占用农民宅基地，获取大量城市和工业建设用地，赚取巨额土地出让收益的过程。J 市经济比较发达，农业收入只占农民收入很小的一部分，农民对土地的依赖相对较弱，农宅比较分散，部分农民较能接受宅基地置换做法。然而，即便如此，J 市也要审慎推行宅基地置换做法，一定要充分考虑、全面确保农民宅基地各项权益，稳步推进试点工作，边试点、边实践、边总结、边完善。据称，青岛三水区、扬州市、佛山市、苏州市等一些地区来 J 市考察后有意借鉴 J 市宅基地置换工作经验，对此，其他地区要审慎效仿。

（二）切实保障农民排他性的宅基地用益物权

第一，要进一步明确农民的宅基地用益物权，并做好宣传工作。目前，《物权法》已经开始实施多年，但是对于什么是用益物权、什么是宅基地用益物权以及土地承包经营权用益物权，很多人，包括各级政府管理部门工作人员、政策研究人员、法律工作者都不甚清楚，对这些概念和内涵都似懂非懂。而关系到切身利益的农民和农民集体更是听都没听过，就算听过也不知道是什么意思。因此，对于物权法中农民宅基地用益物权的条款应该得到进一步明确和细化，用更为简洁、直白、通俗易懂的语言把宅基地用益物权这一法律专业术语进行解释和说明。尤其要明确农民对宅基地“占有、使用和收益”的权利，以及这一权利的排他性。

第二，探索亿万农民进城过程中宅基地用益物权的利益实现机制和保护机制，实现宅基地用益物权的财产化。未来数十年，我国将有亿万农民进城，这是

不可逆转的经济社会规律。这些农民既有因工作性质转变而自愿进城的，也有因城市扩展、工业用地搞拆迁而被迫进城的。对这两类涉及宅基地变动的进城农民，都应当尽早考虑他们宅基地用益物权的利益实现机制，切实保护他们的宅基地用益物权。实现和保护宅基地用益物权的最好方式就是将其财产化，将宅基地作为农民的一种重要财产。对于自愿进城的农民[①]，应该探索帮助他们退出宅基地的途径，建立宅基地用益物权的财产化实现机制，探索建立农村宅基地用益物权的交易市场和交易机制。另外，对于城市化、工业化进程中被迫让出宅基地的农民，不能仅补偿其房屋损失，还应当补偿其宅基地权益损失。严格来说，农户拥有宅基地置换中政府“节约”出来的宅基地的用益物权。要赋予农民参与宅基地收益分配的权力，在农民、集体、国家之间建立合理的收益分配机制，探索建立民主协商机制，建立有效监督机制，做到收益分配透明。地方政府应根据“节约”的农村宅基地面积，给农户、村集体分配适当比例的股份，让农民和集体取得持续收益。

（三）农民不可能过上“城里人的生活”

农民庭院收入减少，上楼生活费用增加。农民利用补偿收入购买了城镇公寓房，或者集中安置之后，换了新房子，对生产收入和生活成本产生较大影响。一方面，农民的庭院经济收入少了，原来在农村的生活成本 C_R 要更低。在农村，农民的宅基地和房屋不仅是生活场所，也是生产场所，农民可以利用庭院养殖家禽家畜、种瓜种菜，这些产品可卖可吃，为生活提供补贴，无形中降低了农村生活成本。而农民一旦进城上楼，这些来源就都没有了，收入也就少了。另一方面，农民上楼后，物业管理费、水费、燃气费、电费、垃圾处理费等都增加了，用农民的话说就是“上次厕所都要花点水费”，农民实际在新社区的生活支出为 C_U 要大大高于预期。如果新社区每年的人均实际生活支出要更大，而原来因为有庭院收入，原来估计的成本过小，则其人均生活成本的现值 $\frac{C_U - C_R}{r}$ 将会增加，农民会发现，自己原来的决策错误，生活陷于窘迫之中。以 J 市 YZ 镇为例，该镇目前农民人均补偿只有 3.325 万元，就算地方政府不拿一分钱，农民实现收益最大化，农民人均获得 4.7 万元，还是远不够农民过上“城里人的生活”。

（四）切实加强耕地质量保护

从追求收益最大化的地方政府的决策依据来看，地方政府为了尽可能地推

---

① 这里主要指在城市有稳定、正当职业，有居所的进城农民，或者随子女迁入城市、不再愿意保留宅基地和房屋的老年农民。

进宅基地置换，则有激励降低宅基地复垦投入 η，而如果复垦投入不够，农户原来的住宅建设用地、生产生活辅助用地等复垦成耕地之后，质量较低，短期内难以达到耕地的质量要求。而工业和住宅建设用地又往往会占用良田。就算政府实现了数量上的土地占补平衡，但耕地质量总体上降低了。部分复垦后的耕地农田基础条件较差、缺乏灌溉设施、耕作不便，容易出现抛荒现象，总体上难以平衡耕地生产能力。因此，在推行宅基地置换中，要严禁用复垦后的劣等地等量换优等地，并确保宅基地复垦投入，严格实行国家补充耕地数量质量按等级折算办法，落实最严格的耕地保护制度。

参考文献

[1] Jean C Oi. The Role of the Local State in China's Transitional Economy. The China Quarterly, 1995,144: 1132-1149.

[2] Andrew G. Walder. Local Governments as Industrial Firms — An Organization al Analysis of China's Transitional Economy[J]. The American Journal of Sociology, 1995,101(2): 263-301.

[3] 邹东涛，席涛. 制度变迁中个人、企业和政府行为主体的经济分析. 北京大学学报(哲学社会科学版)，2002.

[4] 李延荣. 集体建设用地流转要分清主客体[J]. 中国土地，2006.

[5] 张新桥，张海涛，集体建设用地使用权流转存在的问题及对策[J]. 特区经济，2007.

[6] 韩俊. 中国农村土地调查，上海：上海远东出版社，2009.

[7] 李庆海，梁斌. 集体建设用地使用权流转问题探析. 法制与社会，2009.

[8] 张云华，伍振军. 审慎推行“宅基地换房产”保障农民宅基地用益物权. 国务院发展研究中心调查研究报告，第 185 号，2009.

[9] 王文，洪亚敏，彭文英. 集体建设用地使用权流转收益形成及其分配研究. 中国土地科学，2009.

第十三章 深入推进农村集体建设用地制度改革，切实保障农民土地权益[①]

保障农民权益是我国农村集体建设用地制度改革的出发点和落脚点。基于此，需要分析当前我国农村集体建设用地在赋权、权能等方面面临的法律法规困境，这是农民权益保障等一系列问题的根源，同时深入调研我国各地区农村集体建设用地使用权界定、流转方式、使用范围和收益分配等方面的基本情况和存在的现实问题。结果表明，深入推进农村集体建设用地制度改革，关键在于把农村集体建设用地使用权、收益权和处分权尽可能完整地还给农民。在此基础上，应尽快在国家层面出台相关法律法规，进一步规范农村集体建设用地使用权交易从而切实保障农民土地权益、促进城乡经济发展、维护农村社会稳定。

一、农村集体建设用地制度改革的基本逻辑

本章从讨论农村集体建设用地所有权制度的本质出发，分析政府把部分农村集体建设用地权利还给农民的理论基础，然后提出规范农村集体建设用地使用权流转的必要性。

（一）农村集体建设用地所有权制度的本质

在研究农村集体建设用地制度之前，必须明确农村集体建设用地制度的本质。部分学者认为，我国农村集体建设用地所有制，不只是农村社区内农户之间的权利合作关系，实质上是国家控制农村土地权利的一种形式。国家在这里已经不再是一个外在的对所有权及其交易予以保护和仲裁的角色，它早已侵入

① 本章执笔：伍振军，成稿于 2014 年。

并控制着农村所有权,并且不负财务责任。我们可以看到,这种“侵入并控制”直接导致农村集体建设用地制度存在所有权主体不明确,缺乏交易、抵押权能,使用权受让主体、土地用途被严格限制。

(二) 保护农民权益关键在于还权于农民

国家权力是人民由于自然权利的种种缺陷,为了稳定地享受权利,通过社会契约放弃自己部分自然权利从而建立起来的。国家的权力必须以个人权利为基础,并受个人权利的制约,这一点也适用于农民的集体建设用地权利。而当国家过多“侵入并控制”农民的农村集体建设用地权利,若要保护农民土地权益,国家就必须放弃一部分权利。因此,要适当淡化农村集体建设用地所有权,以法律的形式,最大限度地将使用权、收益权和处分权完整地还给农民。

事实上,国家把农村集体建设用地权利还给农民已是必然趋势。我们知道,国家及其意志的执行者——政府在最终还是要受到管理成本-收益这个经济规律的支配。当前,国家控制农村集体建设用地产权的成本越来越高。一是强制性、低价征地带来的维持社会稳定的成本越来越高。根据国家信访局统计,每年因为征地拆迁引发的纠纷在 400 万件左右,土地纠纷已经成为税费改革后农民上访的头号焦点,占社会上访总量的 40%。二是受制于农村集体建设用地制度,城市化缓慢发展的成本越来越高。改革开放以来,中国城市的空间扩大了 4 倍,但真正城市化的人口只提高了一倍(蔡继明,2011),其中最大的制约就是目前的土地制度。三是城镇建设用地和农村集体建设用地的“两头浪费”。政府垄断了土地供给,制造出了一个又一个的“地王”,同时也造成全国城镇建设用地低效配置,粗放浪费。据国土资源部 2008 年发布的数据,全国城镇规划范围内共有闲置、空闲和批而未供的土地 26.7 万公顷,相当于 2008 年全国批准建设用地总面积的 69.5%。全国工业项目用地容积率仅为 0.3～0.6,工业用地平均产出率远低于发达国家水平。而另一方面是农村集体建设用地的低效利用,1997—2005 年,我国乡村人口减少 9 633 万人,而农村居民点用地却增加了近 11.8 万公顷,农村建设用地利用效率明显降低。与此同时,国家通过征地把农村集体建设用地转化为国有土地的收益越来越低。2011 年国土资源部内部论坛的专家表示,受不断提高的拆迁征地补偿成本所限,地方政府土地出让纯收益已不足 20%。

当国家对农村集体建设用地产权进行控制的成本越来越高,收益越来越低的时候,这种控制就必然趋弱,权利必然会逐步还给农民。

（三）保障农民权益需要规范土地使用权流转

农村集体建设用地使用权流转是“还权于农民”的必然结果。农民土地权利的首要要素是利益，这是农民享受土地权利要达到的最终目的和起始动机。农民的利益需要实现机制，土地要素必须自由进入市场，才能凸显实际价值。前文所述，参照国有土地价格，北京市农村集体经营性建设用地和农村宅基地价值合计高达 8.2 万亿元，是当前价值的 30 倍，就是有力证据。而缺乏流转市场，农村集体建设用地使用权作为市场经济要素难以自由流转，就难以实现土地资源配置的最优和农民收入的最大化。同时，农村集体建设用地使用权流转将是缩小城乡差距，打破城乡发展二元结构最有效的办法，也将是推动中国经济保持快速前行的制度性改革措施。建设农村集体建设用地使用权流转市场，逐步建立统一的城乡土地市场，也正是十七届三中全会《决定》提出的“逐步建立城乡统一的建设用地市场”和十八届三中全会《决定》提出的“建立城乡统一的建设用地市场”的应有之义。

实际上，规范农村集体建设用地使用权流转，有效增加土地供应已是我国工业化、城镇化发展的迫切需要。当前，我国建设用地供需矛盾非常突出，今后 5 年全国新增建设用地只有 2 925 万亩，而综合分析各地经济增长和城镇化发展目标，预计全国“十二五”新增建设用地需求在 4 000～4 500 万亩之间，超出规划安排规模 1 000 万亩以上。供需缺口必须通过农村集体建设用地使用权流转来实现。按照 2020 年全国城镇化率达到 58%，每年 1 500 万～1 800 万人进入城镇，人均 100 平米的用地计算，每年至少需要城镇用地 225 万亩，今后十年共需要 2 250 万亩建设用地，建设用地缺口巨大。部分经济发达地区尤其需要推进农村集体建设用地使用权流转。上海农村集体建设用地占全市所有建设用地总量的 49%，与城镇国有建设用地数量相差无几，而农村户籍不到城镇户籍人口的 1/7，从人均占用建设用地量而言，释放农村土地潜力势在必行。2011 年，广州中心六区经过合法审批的可以流转的农村集体建设用地有 20 多平方公里，通过集体土地流转将解决广州的用地之渴。事实上，在广东、江苏、浙江等经济发达地区，政府放松了对集体建设用地权利的控制，超越《土地管理法》规定范围的集体建设用地流转早就非常普遍，并在一些省份受到了行政规章的保护，只是尚未得到国家法律层面的明确认可，而成为地下的隐形的农村集体建设用地使用权流转市场。比如，深圳龙华镇集体建设用地使用权早在 20 世纪 90 年代初就开始村外流转，有些集体建设用地使用权已经经手四五人。

同时，农村集体建设用地使用权流转也是切实保障农民权益的有效途径。

如果农村集体建设用地不能流转，地方政府可以通过主导农村集体土地使用权流转获取高额收益。近年来，各省区推行的城乡土地增减挂钩，天津、成都、嘉兴、重庆等地区推进“宅基地换房”、村庄整理、集中居住、“地票”等宅基地、集体建设用地置换模式往往演变为地方政府低成本占用农民宅基地和集体建设用地，获取大量城市和工业建设用地，赚取巨额土地出让收益的过程。

基于以上分析，我国农村集体建设土地制度改革的基本逻辑就是在农村集体建设用地所有权不变的前提下，将农村集体建设用地使用权、收益权和处分权尽可能完整地还给农民，切实维护农民对集体建设用地的完整、稳定、合法的权益，进一步制订完善相关配套法律，规范农村集体建设用地使用权流转，促进农业经济发展、维护农村社会稳定。

二、还权于农民

还权于农民的关键在于淡化农村集体建设用地所有权，当前情况下甚至可以考虑设置所有权权利负面清单，除了清单禁止以外，其他权利包括使用权、排他性收益权和处分权等都完整地还给农民。确保农民农村集体建设用地权利的稳定性，明确权利的排他性，同时为农村集体建设用地使用权市场交易奠定基础。从我国的实际来看，还权于农民应该包括以下三个方面的内容。

(一) 明确农村集体建设用地所有权主体

《宪法》第十条规定“农村和城市郊区的土地，除由法律规定属于国家所有的以外，属于集体所有；宅基地和自留地、自留山，也属于集体所有”，把农村集体建设用地所有权赋予村集体。在宪法框架内，各地区进一步明确了农村集体建设用地所有权人，成都市《集体建设用地使用权流转管理办法》规定，农民集体所有的土地依法属于村农民集体所有的，由村集体经济组织或者村民委员会代表集体行使所有权；分别属于村内两个以上农民集体所有的，由村内各该集体经济组织或者村民小组代表集体行使所有权；属于乡镇农民集体所有的，由乡镇集体经济组织代表集体行使所有权。然而，由于村集体、集体经济组织等不具备法人资格，集体土地的所有者处于缺位或虚构状态。因此，要在条件具备的地区，成立农民合作经济组织，完善村集体或者村集体经济组织架构，使之成为具备法人资格的经济组织，从而明确农村集体建设用地的所有权主体。

（二）赋予农村集体建设用地使用权完整的交易、抵押权能

首先，目前农村集体建设用地使用权不能进入市场自由交易。《土地管理法》第43条规定，“任何单位和个人进行建设，需要使用土地的，必须依法申请使用国有土地”，限制了村集体和农民的土地交易。因此，要落实《宪法》中“土地使用权可以依照法律的规定转让”的规定，参考全国农村土地改革试点获得的有益经验，修订《土地管理法》第63条“农民集体所有的土地的使用权不得出让、转让或者出租用于非农业建设”的条款，赋予农村集体建设用地使用权自由流转的权能。其次，目前农村集体建设用地使用权不许抵押。《担保法》第37条规定，耕地、宅基地、自留地、自留山等集体所有的土地使用权不得抵押。农村集体建设用地缺乏抵押权，就不能进入金融市场，农户、村集体资金不足，难以对集体建设用地进行有效的开发并获取增值收益。因此，应认真汲取农村承包土地的经营权和农民住房财产权抵押贷款试点经验，修订《担保法》第三十七条中规定的耕地、宅基地、自留地、自留山等集体所有的土地使用权不得抵押的限制性条款，以及《物权法》第一百八十四条规定的耕地、宅基地、自留地、自留山等集体所有的土地使用权不得抵押等法律法规条款，赋予农村集体建设用地抵押权能，允许集体建设用地进入金融市场。

（三）取消对农村集体建设用地的用途、用地主体的严格限定

《土地管理法》规定，我国农村集体建设用地只有三种类型，农村住宅建设用地、乡镇企业建设用地、乡（镇）村公共设施建设和乡（镇）村公益事业建设用地，可见农村集体建设用地使用权是一种限制物权，用地主体必须严格按照以上用途使用，用途非常有限。因此，农村集体建设用地尤其是农村集体经营性建设用地的用途应从商服、工矿、仓储用地等分类逐步过渡到工业、商业、服务业等上来，逐步与国有建设用地一致。长期甚至可以过渡到房地产开发用地上来，且在使用期限上与国有土地使用期限一致，并修订相关法律法规，把农村集体建设用地的用地主体从目前的本村农民、村集体、乡镇企业等，逐步过渡到社会法人、自然人。

三、规范农村集体建设用地使用权流转

农村集体建设用地使用权流转在全国范围内比较普遍，在经济发达的沿海地区尤其盛行。近年来，广东、湖北、河北等省（区），成都、烟台、莱芜等市（县）

农村集体建设用地使用权流转早就非常普遍。这些地区也陆续出台了关于农村集体建设用地使用权流转的规章制度，在使用权界定、流转方式、使用范围和收益分配、使用等方面做了一些探索，积累有益经验，也暴露出一些问题。当前，要深入推进农村集体建设用地制度改革，切实维护农民对集体建设用地的合法权益，就必须规范农村集体建设用地使用权流转，下力气解决使用权范畴界定，流转市场建设，流转形式、价格，流转后的用途和流转收益的分配使用等问题。

（一）明确适用流转的集体建设用地使用权范畴

各地区对于适用流转的集体建设用地使用权的界定不尽相同，部分地区甚至把农民宅基地使用权都纳入流转范畴，亟待进行规范。2005 年广东省《集体建设用地使用权流转管理办法》规定，可流转的集体建设用地使用权需要符合土地利用规划；权属没有争议；土地权利范围不受限制；非村民住宅用地等要求。强调的是符合规划、权属清晰、合法，并把宅基地排除在外。2006 年湖北省《农民集体所有建设用地使用权流转管理试行办法》把适用流转的集体建设用地使用权界定为"符合土地利用总体规划和城市规划的村庄、集镇、建制镇中权属合法、界址清楚的集体建设用地使用权"，强调的是符合规划、合法、权属清楚。2008 年河北省《集体建设用地使用权流转管理办法（试行）》把适用流转的集体建设用地使用权界定为："乡镇企业和乡（镇）村公共设施、公益事业建设用地，以及其他经依法批准用于非住宅建设的集体所有土地"，分类清楚，也规定住宅用地不得实行流转。2011 年烟台市《集体建设用地使用权流转管理试行办法》界定为："乡（镇）土地利用总体规划确定的村镇建设用地范围内乡（镇）村企业、公共设施、公益事业及其他设施使用并依法办理了使用手续的土地。"在进行明确分类的基础上强调合法。而 2009 年成都市出台的《农村房屋抵押融资管理办法（试行）》实际上把农民宅基地也纳入流转范畴。

在相关制度尚未完善的情况下，若把所有类型的农村集体建设用地使用权推进市场、完全放开，则很容易失控。因此，当前必须对适用流转的集体建设用地使用权进行明确分类，在确权登记，产权明晰的基础上，从符合规划、合法、权属明晰的经营性集体建设用地做起，把农民宅基地排除在外，这样风险最小，也最容易推行。

（二）明确农民享有的决策权和知情权

我国大部分地区农村治理机制不完善，村民自治难以得到真正落实，宗族势力、村霸、村干部控制村集体，农村集体建设用地被非法出租、出让、买卖的现象比较普遍，一些社会实体也非法介入牟利，导致农民利益受损。因此，必须以法律的形式明确农民的决策权和知情权，我国部分地区在这方面也做了一些探索。河北省《集体建设用地使用权流转管理办法（试行）》、湖北省《农民集体所有建设用地使用权流转管理试行办法》、上海市《关于开展农村集体建设用地流转试点工作的若干意见》、成都市《集体建设用地使用权流转管理办法（试行）》等都规定，农村集体建设用地使用权流转，必须经本集体经济组织成员大会或村民会议三分之二以上成员或者三分之二以上村民代表同意。部分地区还强调农民享有最大限度的知情权，湖北省《农民集体所有建设用地使用权流转管理试行办法》规定，集体建设用地使用权流转方案提交村民会议或者村民代表会议表决前，应当公布其流转形式、拟建项目及其环境影响情况、土地使用者情况、流转收益、土地使用期限以及村民需要了解的其他情况。

因此，借鉴这些地区的有益经验，应强调绝大多数农民享有决策权和知情权，并采取少数服从多数、民主决策的办法进行处理。

（三）建设农村集体建设用地使用权流转有形、无形市场

随着农村集体建设用地使用权流转范围的扩大，必然需要建立土地供需信息平台，构建农村集体建设用地使用权有形和无形市场。湖北省《农民集体所有建设用地使用权流转管理试行办法》规定，集体建设用地出让、出租，应当在土地有形市场或土地交易场所挂牌交易。河北省《集体建设用地使用权流转管理办法（试行）》规定，集体建设用地使用权出让、出租方案经批准后，由所有权人委托土地交易机构在土地有形市场组织进行招标、拍卖或者挂牌出让、出租。上海市《关于开展农村集体建设用地流转试点工作的若干意见》进一步提出，在国有土地交易市场的基础上，增加农村集体建设用地入市交易的服务、管理功能，建立城乡统一的土地交易中心，探索国有建设用地和农村集体建设用地“两种产权、同一市场、统一管理”的新途径。

因此，一方面要建立流转信息收集、发布的平台，建立合同签订与鉴证、政策咨询、纠纷调解等的配套机构，有条件的地区，可以利用国有土地交易市场基础设施，建立健全农村集体建设用地使用权流转有形市场。另一方面要健全市场定价机制，参照国有土地使用权公开交易的程序和办法，通过土地交易市场招标、拍卖、挂牌等方式进行，引导流入流出双方对土地承包经营权流转合理定价，保障农民农村集体建设用地使用权权益。

（四）明确流转形式

在所有权的占有、使用、收益、处分四项权能中，处分权极为重要。既然农

民可以通过民主决策程序行使农村集体建设用地的所有权，那么农民通过民主决策程序就可以决定农村集体建设用地使用权的自由交易和抵押。近几年，我国各地区对农村集体建设用地使用权流转形式的认识经历了一个过程，广东省《集体建设用地使用权流转管理办法》把集体建设用地使用权流转区分为出让、出租两大类，提出可以抵押。河北省《集体建设用地使用权流转管理办法（试行）》规定，集体建设用地使用权流转包括出让、出租、转让、转租和抵押集体建设用地使用权的行为。同样，上海市《关于开展农村集体建设用地流转试点工作的若干意见》规定，农村集体建设用地使用权可以通过转让、转租等形式进行流转，也可以抵押。湖北省《农民集体所有建设用地使用权流转管理试行办法》规定，集体建设用地使用权流转包括出让、出租、转让、转租、抵押、入股等形式，在抵押的基础上还增加了入股。成都市《集体建设用地使用权流转管理办法》则规定，集体建设用地使用权流转包括出让、转让、出租、作价（出资）入股、联营、抵押等形式，则把抵押和入股和联营都包括进去，成都市甚至在《农村房屋抵押融资管理办法（试行）》中提出允许农民宅基地抵押。

这些地区提出的集体建设用地使用权流转方式多种多样，各不相同，亟待规范。建议在赋予农村集体建设用地使用权交易、抵押权能的功能之后，应根据其流转是否需要进入金融市场，明确土地市场自由交易和在金融市场进行抵押两大类流转形式，并出台配套规章制度，对相关的抵押程序，比如地价评估、档案管理、地上建筑物及其他附着物处置、优先受偿等方面进行明确规定。

（五）规范流转价格

从理论上说，建立健全农村集体建设用地使用权流转有形、无形市场，明确流转形式和用途之后，通过市场价格发现功能，能够形成合理的价格。但是，由于农村集体建设用地制度不够完善，流转市场发育比较滞后，为了保障农民权益，还需要政府对流转价格进行规范。我国部分地区在这方面也进行了探索，湖北省《农民集体所有建设用地使用权流转管理试行办法》规定，集体建设用地使用权出让价格不得低于省人民政府制定的当地国有土地出让最低价格标准，没有制定最低标准的，应参照农用地分等定级估价成果或相邻地段国有土地价格确定。上海市《关于开展农村集体建设用地流转试点工作的若干意见》规定，要参照农村集体建设用地基准地价建立最低限价制度。河北省《集体建设用地使用权流转管理办法（试行）》规定，集体建设用地使用权的出让价格可以参照当地的土地征收价格确定，集体建设用地使用权出租的租金标准可以参照当地土地征收价格折算的数额确定。

我国农村集体建设用地使用权升值潜力巨大，长期来看，在建立起城乡统一的建设用地市场后,"同地、同价、同权"的目标就会实现。而在这之前,还必须通过规章制度来规范农村集体建设用地使用权流转价格,防止低价买卖农民集体建设用地使用权的行为,为农民权益筑起防火墙。当前,集体建设用地使用权的出让价格,至少应当不低于同等条件下国有土地出让最低价格标准。

(六) 合理使用

从当前情况看,在留足村民必需的宅基地的前提下,应逐步取消对农村集体建设用地的用地主体、用途的严格限定,支持农村集体建设用地依法用于发展二、三产业,包括发展工业、商业、旅游、服务业等经营性项目以及基础公共服务设施建设项目。而从保护农民长远利益出发,还是应严禁农民宅基地用于房地产开发和商业住宅建设,堵上农民宅基地进入市场的口子,把宅基地留在农民自己手里,待条件成熟,考虑允许用集体建设用地进行商品住宅开发,让农民能享受到城市化带来的更多资产收益。

长期来看,要建立城乡统一的建设用地市场,实现"同地、同价、同权"的目标,在制度成熟完善、符合土地利用规划及国家有关产业政策前提下,应允许农村集体土地直接进入城市一级土地市场。

(七) 收益分配及使用

在收益分配方面,我国部分地区在保障农民权益方面做了有益探索。广东省规定,集体土地所有者出让、出租集体建设用地使用权所取得的土地收益应当纳入农村集体财产统一管理,其中 50%用于本集体经济组织成员的社会保障安排,不得挪作他用,强调收益归农民和农村集体所有,并且明确规定使用比例和用途。湖北省规定,集体土地所有者取得的土地收益应当纳入农村集体财产统一管理,专项用于本集体经济组织成员的社会保障、被安置人员的生活补助、发展生产、偿还村集体债务等,不得挪作他用,也明确规定了使用用途。但在部分地区也存在明显侵害农民权益的行为,烟台市规定,土地使用者除向土地所有者支付土地补偿费外,应向市、县(市)人民政府缴纳土地流转收益,按市、县(市)、乡(镇)、村 1∶2∶5∶2 比例分配,农村实际上只获得 20%的流转收益。

当前的工作重点是出台相关法律,明确集体建设用地使用权流转收益分配主体,还原农民作为土地资产所有者的地位和应得的收益权,尤其是要明确政府不参与流转收益分配。政府应当是流转的监管者,不是流转行为的主体,其收益主要通过建立起不动产制度,加强土地增值税税收征收来实现。二是明确收益的使用范围。除宅基地之外的集体建设用地应属于农民集体的共有财产,农村集体建设用地增值收益应主要用于建设农村公共基础设施和完善农村基本公共服务上。

而从长期来看，从完全确保农民的权益，促进农村政治的改革的角度出发，应以法律形式把农村集体建设用地收益权完全界定给农民，把使用权流转收益全部分配给农民，而农村社区基础设施建设、公共服务等公益事业的费用，应再由农民通过民主程序，筹取资金进行支付。

与此同时，在深化农村集体建设用地制度改革过程中，保障农民权益还需要进一步健全相关配套法律制度。在农村集体建设用地产权关系逐步由模糊走向清晰的过程中，农民、集体经济组织和地方政府等不同利益主体的权利都将在新的土地制度框架内得到明晰。农村集体建设用地使用权价值在市场上实现之后，确保收益在农民与村集体、农民与农民等各个主体之间的合理分配和使用。同时，进一步完善不动产、土地增值税等税收征收制度，明确政府的职能，提高政府的积极性，确保农业农村经济发展和农村社会的稳定。

第十四章

农村土地金融发展前景、问题和建议[①]

农业农村发展亟需大量资金。随着我国从传统农业向现代农业的转型发展，以及农村经济的发展壮大，对资金的需求越来越大。资金是农业现代化“血液”，农业现代化需要资金供给，对农业农村发展至关重要。然而，农村每年超过万亿元的资金外流，直接降低了农村内生投资规模，使得农业发展资金更加匮乏，进一步扩大了农村资金缺口。据测算，21 世纪以来，我国农村通过金融渠道外流资金规模年均超过 5 000 亿元，主要平台是农村信用社、农村商业银行或农村合作银行、中国农业银行和邮政储蓄银行等农村金融机构，而通过财政渠道外流资金规模年均约 6 000 亿元。

在外流资金规模如此巨大的情况下，如何发展现代农业、壮大农村经济，如何解决如此大量的资金需求？农村土地金融是获取农业农村发展所亟需资金的可行途径。我国 2012 年农村资产总量估值从 9.4 万亿元增长到 127.3 万亿，而土地资产要占农村净资产的 70%左右，价值高达 88.8 万亿元，其中农村集体经营性建设用地和农村宅基地合计约 2.1 亿亩，价值估算高达 42 万亿元，农村集体所有耕地、林地、草原等农用地资产价值高达 46.8 万亿元。据估计，参照国有土地价格，北京市农村集体经营性建设用地和农村宅基地价值合计高达 8.2 万亿元。可以设想，若能将一小部分农村土地资产纳入金融体系，农村就能获得促进发展所必需的资金。

---

① 本章执笔：伍振军、李国旗、雷雨。

一、农村土地金融分析框架

(一) 农村土地金融定义

农村土地金融,是指土地所有者及土地经营者以土地承包经营权、农村集体建设用地使用权等作为抵押向金融机构贷款,围绕农村土地进行开发、生产、经营而展开的资金融通活动。农村土地金融是土地经营者以其拥有的土地产权向金融机构或社会公众融资行为关系的总和,它具有集聚资金、分散风险和配置土地资源的功能。按照演变顺序和层次,农村土地金融实现形式可分为农地货币化、农地资本化以及农地证券化三种形式。农地货币化是以货币为媒介的农村土地产权转让过程,它包含农村土地产权可以转让或流转,以及农地产权转让是以一定数量的货币交换一定面积土地在一定时间内的某种权利这两层意思。农地资本化是指将土地产权的价值看成是未来一系列收益的贴现值之和,从而进入要素市场以各种形式交易(如抵押、出租、合作或入股等方式)获取土地的资本化收益。农村土地证券化是以农村土地收益或土地抵押贷款利息收入作为担保发行证券的过程,根本目的是融资,信用高、流动性强、也更具有吸引力,属于农村土地金融的高级形式(曾庆芬,2 012)。

(二) 农村土地金融研究综述

现代经济学产生以来,农村金融尤其是农村土地金融制度问题长期被主流经济学者所忽视。直到 20 世纪五六十年代,发展中国家的农村土地金融问题才引起经济学家的重视。对农村土地金融制度研究产生重要影响和指导作用的相关理论主要有:地租理论、金融市场理论、农村土地产权理论等。其中,地租理论认为地租是土地上生产农作物所得的剩余收入,由于土壤条件、技术、距离等因素,导致地租不同,地价可通过土地所获得地租额的资本化而测算出来。金融市场理论强调市场机制的功效,反对政策性金融对市场的干预,是在对农村金融系统论批判的基础上产生的,主张充分发挥农村内部金融中介在农村金融中的作用(杨雪等,2013)。产权理论则认为所谓"农村土地产权"是指耦合起来的各种土地权利的"权利束",农村土地产权理论强调各个权益主体共同指向农村土地,并受法律保护的权利。具体地说,农村土地产权就是有关农村土地的一切权利的总和,由农村土地所有权、使用权、收益权、处分权等各项权利共同组成。农村土地产权可理解为单项权利的权利束或权利组合,其不同的组合方式形成不同的土地产权结构，不同的产权结构形成了不同的利益主体结构。可以说，农村土地产权制度是农村土地金融制度建立和赖以存在的基础。

近二十年来，为解决农业农村信贷资金尤其是中长期信贷投入严重不足问题，在统筹城乡发展和农村土地流转加快之际，农村土地抵押融资成为共同关注和探索实践的热点。归纳起来，国内研究主要涉及以下四个方面。

一是我国农村土地抵押的规范性争论，分三种态度。第一种是支持态度，认为农村土地抵押是农村金融创新的重要路径，应该允许农村土地产权抵押。第二种是反对意见，认为农村土地产权不能抵押，解决农村金融困境应该寻求其他替代路径。反对意见主要集中在土地承包经营权抵押上，主要有三方面担心：首先担心土地承包经营权是农民生产生活的基础条件，如果允许土地承包经营权抵押，农民一旦不能按期偿还债务，丧失土地承包经营权，将极大地危及农民的生存和农村社会的稳定；其次担心农地抵押带来的流转可能导致耕地流失；最后担心抵押权利被滥用，增大银行系统的风险。第三种意见比较中庸，认为农村土地抵押是趋势，但考虑人地矛盾和土地的社会保障功能应予适当限制。

二是研究农村土地金融制度的设计与安排，主要分为宏观和微观两个方面。在宏观层面上，主要发挥国家的统筹作用，认为应以国家政权为依托，利用现代信用制度，以银行为载体，在最上层构建适合农业特殊需要的宏观信用制度安排；在微观层面，主要是组织体系和农村金融的构建，一种观点是成立专门的农村土地金融机构，而另一种观点则认为应充分利用现有的农村银行体系和机构等等(杨雪等，2013)。

三是对我国农村土地抵押的供需意愿的研究。随着全国各地农地抵押融资试验的增多，学术界就农村土地抵押试验的需求或条件展开了调查和分析。刘贵珍(2009)对豫北农村的调查证实，金融机构从业人员对农村土地抵押贷款态度较为谨慎，商业银行很少介入，抑制放贷主体意愿的因素有：贷款业务的操作问题、贷款风险控制问题及抵押品的处置问题。陈会广、单丁洁(2010)对四省开展的调查描述了我国农民分化的现状及农民对农村土地制度的认知，从职业分化、收入分化两个层面研究农民分化对土地承包经营权流转、继承、抵押等权能需求的差异。

四是我国开展农村土地抵押试点的实证分析。邓纲(2010)从制度方面分析了成都市农村产权抵押融资改革的背景，剖析了该项改革对现行法律政策的突破和妥协，探讨了试点方案的设计及潜在的问题。伍振军、张云华(2011)对宁夏回族自治区同心县农村土地抵押试验进行了案例分析，归纳了同心县的有益经验和制约因素。

（三）农村土地金融发展途径

农村土地金融发展途径主要分为直接抵押、反担保抵押和联合抵押三种方式。

直接抵押贷款是借款人申请贷款时将农村土地承包经营权或者农村集体建设用地使用权直接抵押给金融机构的贷款方式，接受抵押的金融机构以农村信用社为主体，部分地区村镇银行、邮政储蓄银行、国家开发银行或者农业银行也参与进来。申请抵押的借款人可以进一步分为个人直接抵押模式、合作社直接抵押模式和企业直接抵押模式（曾庆芬，2012），这三种模式的交易成本依次递减、产权稳定性依次递增、金融机构放款意愿也逐渐增强、贷款规模也不断扩大。

反担保抵押贷款即借款人申请贷款时将农村土地产权抵押给金融机构之外的组织或机构，由这些组织或机构为借款人贷款提供担保。根据担保的组织或机构特点可以进一步分为公司性的反担保抵押、协会性的反担保抵押以及村集体性的反担保抵押。公司性的反担保抵押需要成立农村产权融资担保公司为农民贷款提供担保，而协会性、村集体性的反担保抵押模式中，扮演贷款担保角色的是村民自发成立的农村土地协会等或者农村集体经济组织等（曾庆芬，2012）。

联合抵押贷款是指部分农村地区利用小亲族或家庭等基本认同及行动单位，创设的土地产权联合抵押方式，即由若干农户通过签订协议自愿组成“抵押联合体”。任何一位成员经其他成员同意，都可以用“抵押联合体”全体成员所拥有的土地产权作为抵押物向金融机构申请贷款。一旦贷款成员不能清偿到期债务，金融机构处置抵押的土地产权时，“抵押联合体”的其他成员享有优先受让权（郭继，2010）。

二、政策探索及地区实践

（一）政策探索

国家层面的政策主要集中在还能赋权、稳妥推进上。国家层面的政策主要围绕十八届三中全会《决定》精神，加快确权赋能，把关键权能赋予农村产权，推进农村土地产权抵押。主要是确立并实施承包地经营权的抵押权与出资权权能，集体建设用地使用权抵押担保权能，农民宅基地完整使用权与房产财产权权能，并慎重稳妥地推进农民住房财产权抵押、担保、转让。

表 14－1　国家层面农村土地金融相关政策梳理

颁布时间	政策名称	核心内容
2008年	《关于加快农村金融产品和服务方式创新的意见》(银发[2008]295号)	1. 鼓励金融机构加强与信用协会或信用合作社等信用共同体的合作，运用联保、担保基金和风险保证金等联合增信方式，积极探索发展满足信用共同体成员金融需求的联合信用贷款； 2. 进一步扩大农户和农村企业申请贷款可用于担保的财产范围，积极规范和完善涉农担保贷款业务操作流程，建立健全涉农贷款担保财产的评估、管理、处置机制； 3. 鼓励涉农银行业金融机构、农村信贷担保机构及相关中介机构加强与保险公司的合作，以订单和保单等为标的资产，探索开发“信贷＋保险”金融服务新产品。
2010年	《关于全面推进农村金融产品和服务方式创新的指导意见》(银发[2010]198号)	1. 在不改变土地集体所有性质、不改变土地用途和不损害农民土地承包权益的前提下，探索开展相应的抵押贷款试点； 2. 在全国范围内试点效果有明显影响的试点创新产品包括：集体林权抵押贷款、土地承包经营权和宅基地使用权抵押贷款、大型农机具抵押贷款、“信贷＋保险”产品、中小企业集合票据和“惠农卡”等； 3. 综合运用多种货币政策工具，拓宽涉农信贷资金来源。鼓励有条件的地方安排一定的再贷款额度，专门用于支持银行业金融机构开展农村金融产品和服务方式创新业务。
2013年	《中共中央关于全面深化改革若干重大问题的决定》	1. 赋予农民对承包地占有、使用、收益、流转及承包经营权的抵押、担保权能； 2. 保障农民集体经济组织成员权利，积极发展农民股份合作，赋予农民对集体资产股份占有、收益、有偿退出及抵押、担保、继承权； 3. 保障农户宅基地用益物权，改革完善农村宅基地制度，选择若干试点，慎重稳妥推进农民住房财产权抵押、担保、转让，探索农民增加财产性收入渠道。
2014年	中央一号文件	1. 稳定农村土地承包关系并保持长久不变，在坚持和完善最严格的耕地保护制度前提下，赋予农民对承包地占有、使用、收益、流转及承包经营权抵押、担保权能； 2. 在落实农村土地集体所有权的基础上，稳定农户承包权、放活土地经营权，允许承包土地的经营权向金融机构抵押融资； 3. 在保障农户宅基地用益物权前提下，选择若干试点，慎重稳妥推进农民住房财产权抵押、担保、转让； 4. 有关部门要抓紧研究提出规范的实施办法，建立配套的抵押资产处置机制，推动修订相关法律法规。
2014年8月21日	《中国农业银行农村土地承包经营权抵押贷款管理办法(试行)》	1. 农村土地承包经营权抵押贷款对象为依托农村土地开展农业生产经营的专业大户、家庭农场、农民合作社、农业企业及家庭承包经营农户等农业经营主体； 2. 农村土地承包经营权抵押贷款额度应根据借款人实际资金需求、承贷能力以及抵押物的评估价值确定，同时不超过贷款期间借款人农业生产经营收入现金流的50%； 3. 依法承包的荒山、荒沟、荒丘、荒滩等荒地土地使用权，家庭承包集体土地使用权以及通过转包、出租、互换、转让等流转方式取得的土地经营权均可设定抵押，地上设施可一并抵押。

续 表

颁布时间	政策名称	核心内容
2014 年 9 月	《金融支持农业规模化生产和集约化经营的指导意见》	1. 推动开展农村土地承包经营权抵押贷款试点，主动探索土地经营权抵押融资业务新产品，支持农业规模经营主体通过流转土地发展适度规模经营； 2. 建立农村土地承包经营权流转服务平台，完善服务网络和抵押配套措施，鼓励承包农户依法采取转包、出租、互换、转让及入股等方式流转承包地，为开展土地经营权抵押融资试点创造条件。
2015 年 8 月 24 日	《关于开展农村承包土地的经营权和农民住房财产权抵押贷款试点的指导意见》	1. 鼓励金融机构在农村承包土地的经营权剩余使用期限内发放中长期贷款，有效增加农业生产的中长期信贷投入，鼓励对经营规模适度的农业经营主体发放贷款； 2. 因借款人不履行到期债务或者发生当事人约定的情形需要实现抵押权时，允许金融机构在保证农户承包权和基本住房权利前提下，依法采取多种方式处置抵押物； 3. 完善抵押物处置措施，确保当借款人不履行到期债务或者发生当事人约定的情形时，承贷银行能顺利实现抵押权，农民住房财产权（含宅基地使用权）抵押贷款的抵押物处置应与商品住房制定差别化规定。
2016 年 3 月	《农村承包土地的经营权抵押贷款试点暂行办法》和《农民住房财产权抵押贷款试点暂行办法》	对农村承包土地经营权、农民住房财产权（以下简称两权）抵押试点范围、借款条件、借款用途、贷款利率和期限、价格评估、风险管理、抵押处置等关键问题进行规范并提出政策要求。

全国各地关于农村土地金融的探索也日渐频繁，目前很多省市都开展了农村土地产权抵押融资活动，出台了相关的政策规定，有效地激活了土地的价值，缓解了农村的资金融通问题。

表 14－2　部分省（直辖市）级农村土地金融政策梳理

省份（直辖市）	颁布时间及政策名称	政策核心内容
浙江省	2014 年 中国人民银行杭州中心支行、浙江省农业厅《关于开展农村土地经营权抵押贷款工作的意见》	1. 农村土地经营权抵押贷款对象为从事农业生产经营的组织或个人； 2. 抵押物评估价值应充分考虑土地经营权及租金实际支付剩余期限、流转价款、支付价款、地上（含地下）附着物价值及预期收入等因素，流转价款可参照设定抵押时当地农村土地流转服务交易机构的同类土地平均交易价格； 3. 借款人到期不能清偿债务的，金融机构可依法处置抵押的农村土地经营权，并就处置所得优先受偿；农村土地经营权抵押期间，未经金融机构同意，借款人不得将抵押物再次抵押或流转。

续 表

省份（直辖市）	颁布时间及政策名称	政策核心内容
安徽省	2014 年《安徽省人民政府办公厅关于开展农村土地承包经营权抵押贷款试点的指导意见》	1. 积极推广以土地承包经营权、水域滩涂养殖权、农业机械设备、运输工具、农产品订单、保单及森林和林木所有权、林地使用权等为标的新型抵押担保方式； 2. 贷款对象界定为专业大户、农民专业合作社、家庭农场、农业企业等新型农业经营主体和家庭经营农户； 3. 按照“土地经营权（或流转方式取得的经营权）评估价值＝年土地平均净收益×租金支付期限＋地上（含地下）附着物价值”进行评估（森林、林木和林地承包经营权抵押价值按照有关规定由具有相关资质的机构进行评估）； 4. 借款人未履行还款义务时，可依法通过交易市场将抵押的土地承包经营权进入流转市场，通过获取转让收益清偿贷款本息；在不改变土地用途的情况下，依法变更土地经营人，由新的土地经营人履行还贷义务。
	2016 年《安徽省人民政府关于开展农村承包土地的经营权和农民住房财产权抵押贷款试点的实施意见》	1. 试点地区为宿州市埇桥区、六安市金寨县、铜陵市铜陵县、合肥市庐江县、阜阳市颍泉区、黄山市黄山区、滁州市定远县、亳州市涡阳县、安庆市宿松县、淮南市凤台县；农民住房财产权抵押贷款试点地区为六安市金寨县、宣城市宣州区； 2. 试点地区要建立“两权”抵押价值评估制度，探索建立农村承包土地的经营权和农民住房财产权价值评估的中介服务机构； 3. 各银行业金融机构要下放“两权”抵押贷款审批权，赋予县域支行更多的“两权”抵押贷款业务自主权； 4. 允许金融机构在保证农户承包权和基本住房权利前提下，依法采取多种方式处置抵押物，试点地区要完善抵押物处置措施，确保当借款人不履行到期债务或发生当事人约定的情形时，承贷银行能顺利实现抵押权。
江西省	2015 年《江西省人民政府办公厅印发关于扩大我省农村“两权”抵押贷款试点工作实施意见的通知》	1. 推进农村土地产权管理数字化、信息化建设，开发建立全省统一联网的农村土地产权管理服务平台； 2. 搭建市场综合公共服务平台，形成产权交易、金融服务、调查评估和大宗交易等功能齐全的统一平台，鼓励金融机构进驻综合公共服务平台，引导拍卖招标、收储托管、基金公司、投资公司、资产管理、抵押担保、小贷公司、调查评估和咨询服务等机构进场规范开展业务； 3. 发挥林地经营权流转证在林木采伐、抵押等权益事项的证明作用，研究制订农村产权抵押贷款诉讼案件的简易机制，快速处置农村“两权”抵押贷款不良资产，鼓励、引导农村产权进入专业市场公开交易； 4. 建立健全农户信用信息系统，多渠道整合社会信用信息，完善信用评价与共享机制； 5. “两权”是指：林权、农村土地承包经营权。

续 表

省份（直辖市）	颁布时间及政策名称	政策核心内容
湖南省	人民银行长沙中心支行省政府农办印发《湖南省农村土地承包经营权抵押贷款试点方案》的通知	1. 确定湘乡市、岳阳县、桃江县、汉寿县、澧县、双峰县、沅陵县、永兴县、资兴市和新田县等 10 县（市）开展试点； 2. 各省级金融机构要对试点县（市）的分支机构下放创新权限，加大信贷额度、人员经费配置等方面的倾斜力度，适当提高涉农信贷创新产品不良贷款容忍度； 3. 加快县（市）、乡（镇）土地流转服务机构体系建设，建立统一的县级土地流转交易平台，推动土地流转市场规范发展。
重庆市	2014 年《重庆市人民政府关于加快推进农村产权抵押融资工作的意见》	1. 开展农村产权抵押融资的抵押物包括：农村土地承包经营权、农村居民房屋、林权、大中型农机具、农村小型水利设施（库、塘、堰）、农民对集体资产股份占有权、农村经营性集体建设用地、地上种植（养殖）物及附属设施、农村建设用地复垦指标、地票、保单等； 2. 借款主体将农村产权及相关资产抵押给金融机构作为还款保证，或抵押给担保机构，由担保机构为借款主体向金融机构提供融资担保，实现融资； 3. 银行贷款利率在同等条件下优惠 5%～10%，对担保机构提供担保的贷款，应进一步加大利率优惠幅度； 4. 对于市场价值明确的抵押物，应协调金融机构、担保机构、借款主体协商确定价值；对协调不能达成一致需委托中介机构评估的，要协调评估机构降低收费； 5. 对金融机构贷款逾期 1 年及以上或者担保机构代偿 1 年及以上的相关债权进行收购，并采取整合出租、挂牌转让、再流转等方式合理处置抵押资产，逐步建立起政府引导与市场化运作相结合的农村产权抵押融资不良资产处置机制。
云南省	2013 年《云南省人民政府办公厅关于印发加快推进林权抵押贷款工作意见的通知》	1. 积极建立多元化的林业贷款担保制度，鼓励各地发展专业化林业担保机构，鼓励各类担保机构开办林业贷款担保业务，对以林权抵押为主要反担保措施的担保公司担保倍数可大到 10 倍； 2. 加大林权抵押贷款贴息扶持力度，优化贴息流程，加大贴息力度，对 30 万元以下小额林权抵押贷款，优先纳入省级林业贷款财政贴息资金范围给予贴息； 3. 省、州（市）、县（市、区）要建立集林业信息发布、林权交易、中介服务为一体的林业产权交易市场，积极发展电子化交易服务系统，为森林资源资产流转提供服务平台； 4. 林权抵押期间，抵押的林地、林木未经抵押权人同意，不得发放林木采伐许可证，不予办理林权变更和流转手续； 5. 对出现风险的林权抵押贷款，探索实行由收储中心收储抵押物，再以市场公开拍卖方式处置，化解银行信贷风险的新模式。

表 14-3 部分市级农村土地金融政策梳理

省份	颁布时间及政策名称	政策核心内容
宁波市	2009 年 《关于印发宁波市农村住房抵押贷款试点工作实施意见的通知》	1. 在不改变农村住房土地性质前提下，允许抵押的农村住房在一定区域范围内流转变现，并规范农村住房转让行为，打造区域性农村房产交易平台，完善农村住房流转配套体系，提高农村房产转让变现能力； 2. 对用于贷款抵押的农村住房，经该农村住房所在地的集体土地所有权单位作出同意住房抵押和流转的书面承诺后，房地产管理部门应在农村住房权属登记的基础上，根据农村住房权利人申请，按照“地随房走”的原则，妥善办理农村住房抵押登记，颁发“农村住房他项权证”。
	2009 年 宁波市江北区政府《关于开展江北区农村“两权一房”抵押贷款工作的试行意见》	“两权一房”是指：农村土地承包经营权、股份经济合作社股权和农村住房。 1. 土地承包经营权的价值认定由农村土地承包经营权流转中心负责，抵押房屋由建设部门办理农村住房抵押贷款申请核准表，并根据房屋的折旧、市场行情及处理费用等情况来确定其价值； 2. 股份经济合作社股权价值一般由金融机构根据合作社上年度报表中的账面总资产确定股权总额，对单个持有人的股权价值由其所持有的股权面额确定； 3. 建立了农村资源流转交易服务中心，交易内容主要以农村土地、林地、闲置场地的承包经营权流转为主.
宿迁市	2015 年 宿迁市政府办公室《市政府办公室印发〈关于开展农村土地承包经营权抵押贷款的实施意见〉的通知》	1. 贷款对象主要包括：拥有土地承包经营权的农户；经流转后获得土地承包经营权，在工商部门或农业主管部门登记备案的家庭农场、专业大户、农民合作社和农业产业化龙头企业等新型农业经营主体； 2. 农村土地承包经营权价值计算公式为：已流转的土地价值＝已付土地租金＋平均预期纯收入；未流转的土地价值＝年平均预期纯收入×贷款期限；年平均预期纯收入按同类种养殖产品在当地市场近两年的平均价格和产量确定； 3. 贷款（或授信）额度原则上不超过农村土地承包经营权抵押确认价值的 70%；贷款利率在同等条件下优惠 10%～15%，最高不超过基准利率上浮 30%（不得为贷款附加不合理条件或收取不合理费用变相提高贷款利率），年化贷款综合成本水平控制在 9%以内； 4. 农村土地承包经营权可单独抵押，也可采用其他资产抵（质）押、保证担保、保证保险等组合担保方式。
蚌埠市	2015 年 《关于印发〈蚌埠市深入推进农村“两权”抵押贷款工作实施方案（试行）〉的通知》	1. 农村“两权”评估要以乡镇为单位，村集体经济组织参加，每个乡镇可推荐 2～3 家具备资质条件的评估中介机构，一定情况下也可选择简易办法评估； 2. 各县区人民政府分别设立农村产权流转交易机构并实现联网，及时收集和发布各类产权流转交易信息，组织产权流转、招拍挂等交易活动，为贷款抵押物处置、抵押权利的实现提供平台；

续　表

省份	颁布时间及政策名称	政策核心内容
		3. 以县区政府为主体设立农村“两权”抵押贷款风险补偿基金，基金对农户不超过30万元、其他借款人不超过200万元的贷款，按照贷款本金损失部分30%比例对金融机构或国有担保机构进行风险补偿； 4. 农村土地承包经营权借款人未履行还款义务时，可依法通过交易市场将抵押的土地承包经营权进入流转市场，通过获取转让收益清偿贷款本息；在不改变土地用途的情况下，依法变更土地经营人，由新的土地经营人履行还贷义务； 5. 抵押的“两权”是指农村土地承包经营权、农民住房财产权。
襄阳市	2014年 《襄阳市农村土地经营权抵押贷款管理办法（试行）》	1. 贷款金额由银行根据借款人资金需求、承贷能力及抵押物的评估价值综合确定，但最高不得超过其所提供的农村土地经营权抵押评估认定价值的70%； 2. 农村土地经营权抵押价值的确定应综合考虑土地所在区域、租金实际支付剩余期限、地面作物的预期收入等因素，农村土地经营权价值确定的一般原则为：农村土地经营权评估价值＝年租地平均净收益×经营期限＋地上（含地下）附着物价值； 3. 用于抵押的农村土地经营权应当具备以下条件：农村土地经营权合法；农村土地经营权抵押经发包方同意；农村土地经营权剩余年限不少于3年；农村土地经营权产权关系清晰。
成都市	2010年 《成都市农村土地承包经营权抵押贷款工作方案》	1. 制定并公布本区域内农村土地承包经营权抵押融资基准价格（最低保护价），建立并完善农村土地承包经营权及地上附着农作物、农业设施价值评估机制； 2. 建立完善农村土地承包经营权与地上附着物一并抵押的机制，建立健全农业设施抵押登记制度； 3. 积极探索“联户担保”“集体经济组织统一担保”和“集体经济组织向金融机构推荐优质抵押人”等担保模式，进一步完善农村产权流转担保机制； 4. 市、区（市）县农村产权抵押融资风险基金要对到期不能偿还债务的抵押农村土地承包经营权进行收购，探索建立通过市农村产权交易所、区（市）县农村产权交易中心收购（收贮）抵押的农村土地承包经营权的操作办法和运行机制。
晋城市	2015年 晋城市人民政府关于印发《晋城市农村土地承包经营权抵押贷款办法（试行）》的通知	1. 农村土地承包经营权的价值可由借款人与银行协商确定，也可由双方认可的具有评估资质的评估机构或县（市、区）人民政府指定的评估机构确定，银行应当根据土地预期收益评估价值、借款人生产经营情况、偿还能力、贷款真实需求、信用状况合理确定贷款额度； 2. 抵押贷款或者贷款展期到期未清偿的，银行申请县（市、区）人民政府确定的有关部门依法收储、转包用于抵押的农村土地承包经营权或者向人民法院提起诉讼； 3. 引导银行业金融机构灵活运用贷款利率浮动政策，完善利率定价机制，对农村土地承包经营权抵押贷款实施优惠利率。

续　表

省份	颁布时间及政策名称	政策核心内容
威海市	2014 年《威海市人民政府关于印发威海市农村土地承包经营权抵押贷款管理办法的通知》	1. 农村土地承包经营权价值的评估应当综合考虑地上或地下附着物的价值、预期收益、财政补贴、已支付的土地承包费用、土地承包期的剩余期限等因素； 2. 当债务履行期限届满抵押权人未受清偿的，抵押权人有权依法通过拍卖、变卖或向人民法院起诉等方式处置该农村土地承包经营权，处置农村土地承包经营权所得价款，抵押权人有权优先受偿，其价款超过债权数额部分，归抵押人所有，不足部分由抵押人继续清偿； 3. 抵押权人依法处置农村土地承包经营权时，承包农户和土地所属的农村集体经济组织的其他成员享有优先权。

(二) 地区实践

自 2010 年以来，四川、重庆、浙江、江苏、安徽、宁夏等多个省份均已开展农村产权抵押贷款试点，各地区对农村产权抵押制度进行了积极的探索实践。特别是一系列政策文件出台，鼓励金融机构配合地方政府不断探索农村产权抵押贷款，政策的引领和金融改革的不断推进使农村产权抵押贷款不断向前推进，农村土地产权抵押规模不断扩大。

表 14－4　农村产权交易及土地产权抵押情况

名称	注册资本(万元)	法人性质	交易种类	产权交易品种	土地产权交易金额(亿元)	土地产权抵押品种	土地产权抵押金额(亿元)
成都农村产权交易所	1 000	企业法人	7 类	农村土地承包经营权、林权、农村房屋所有权、集体建设用地使用权、农村集体经济组织股权、农业类知识产权等农村产权的交易、农村土地综合整治腾出的集体建设用地挂钩指标及占补平衡指标的交易	453.93	农村土地经营权、林权、农村房屋所有权、集体建设用地使用权	120.6
重庆农村土地交易所	5 000	事业单位法人	3 类	农村集体土地使用权、土地承包经营权、建设用地挂钩指标	3.15	农村土地经营权、宅基地使用权、林权、集体建设用地使用权	800

续　表

名称	注册资本（万元）	法人性质	交易种类	产权交易品种	土地产权交易金额（亿元）	土地产权抵押品种	土地产权抵押金额（亿元）
武汉农村综合产权交易所	100	企业法人	9类	农村土地承包经营权、村集体经济组织“四荒地”使用权、农村集体经济组织养殖水面承包经营权、农村集体林地使用权和林木所有权、农业类知识产权、农村集体经济组织股权、农村房屋所有权、农村闲置宅基地使用权、农业生产性设施使用权	137.58	农村土地经营权、水域滩涂养殖权	22.56
北京农村产权交易所	5 500	企业法人	6类	农村土地承包经营权、农业生产经营组织持有的股权、实物资产、农业生产资料、涉农知识产权、林权等	31.5		0
天津农村产权交易所	2 000	企业法人	7类	农村土地承包经营权、水资源使用权、大型农用设施租赁权、农业技术及科技成果；农村集体和农业生产领域相关企业股权；农产品交易；政府批准的其他交易项目和产权	2.06		0
昆明泛亚农村产权交易所	2 050	企业法人	11类	农村土地（承包）经营权、农村集体经济组织“四荒地”使用权、农村集体经济组织养殖水面承包经营权、农村林地使用权、林木及林产品所有权、林木使用权、农业类知识产权、农村集体经济组织股权，农村集体建设用地使用权（不含宅基地）、农村房屋所有权、农业生产性设施使用权		农村土地经营权、林权、农村宅基地和房屋使用权	222
温州农村产权交易平台		企业法人	12类	农村土地承包经营权，林地使用权、林木所有权和山林股权，水域、滩涂养殖权，农村集体资产所有权，农村集体经济组织股权，依法可以交易的农村房屋所有权，依法可以交易的农村集体经营性建设用地使用权，农业装备所有权（包括渔业船舶所有权），活体畜禽所有权，农产品期权，农业类知识产权	13.53	农村土地经营权、农民住房财产权	80

续 表

名称	注册资本（万元）	法人性质	交易种类	产权交易品种	土地产权交易金额（亿元）	土地产权抵押品种	土地产权抵押金额（亿元）
齐鲁农村产权交易中心	5000	企业法人	7类	农村土地承包经营权、浅海滩涂和浅海水域养殖水面经营权、农村经济组织及农民股权、农村房屋所有权和宅基地使用权、大型农业设施及农具、林权、农业知识产权	35.2	农村土地经营权、农村住房、集体建设用地、大棚所有权、水域养殖权	1.3
杭州农村综合产权交易所	1000	企业法人	8类	农村承包地经营权，农村林权、水权以及生态权益，农村集体经济组织“四荒地”承包经营权，农业科技成果，大型农用设施的租赁权，农村房屋租赁权转让，农村集体和农业企业股权，其他涉及农村集体和农业生产领域的相关产权、物权、债权、知识产权等	10.27	农村土地经营权	
安徽省农村综合产权交易所		企业法人	8类	农村土地承包经营权、农村集体“四荒地”使用权、大型养殖水面承包经营权、农村集体林地使用权和林木所有权、农村集体经济组织产（股）权、农村房屋所有权、闲置宅基地使用权、生产性设施使用权等	6.65	农村土地经营权、农民住房财产权	24.8
江苏省农村产权交易信息服务平台		事业单位法人	8类	农村承包土地经营权、“四荒”使用权、林权、农村集体经营性资产、海域使用权、农业生产设施设备、农村小型水利设施使用权、农业类知识产权	31	农村土地经营权	1.5

数据来源：根据公开资料整理。

注：成都农村产权交易所累计交易金额统计时间截至2015年11月底，抵押金额统计时间截至2015年6月底；重庆农村土地交易所累计交易金额统计时间截至2015年10月底，抵押金额统计时间截至2016年2月底；武汉农村综合产权交易所累计交易金额统计时间截至2015年9月底，抵押金额统计时间截至2015年9月底；北京农村产权交易所累计交易金额统计时间截至2016年2月底；天津农村交易所累计交易金额统计时间截至2015年7月底；昆明泛亚农村产权交易所累计抵押金额统计时间截至2014年底；温州农村产权交易平台累计交易金额统计时间截至2015年12月底，抵押金额统计时间截至2015年11月底；齐鲁农村产权交易中心累计交易金额统计时间截至2015年4月底，抵押金额统计时间截至2015年11月底；杭州农村综合产权交易所累计交易金额统计时间截至交易所开通后不久；安徽省农村综合产权交易所累计交易金额统计时间截至2015年6月底，抵押金额统计时间截至2015年10月底；江苏省农村产权交易信息服务平台累计交易金额统计时间截至2015年11月底，抵押金额统计时间截至2015年11月底。

（三）效果评价

一是缓解了农村融资难题。根据上表匡算，各地农村产权交易所自成立以来，农村产权抵押融资金额超过 1 272 亿元。随着农村金融制度改革的深入推进，农村产权交易平台不断完善，农村产权抵押融资规模逐步壮大。比如，截至 2015 年 9 月底，武汉农村综合产权交易联合金融机构为企业、合作社、种养大户展开产权抵押贷款 22.56 亿元，其中单笔最高金额达到 2 亿元。江苏省农村产权交易平台自开通以来有 2 000 多户农户办理抵押贷款 1.5 亿元。截至 2015 年 11 月底，通过齐鲁农村产权交易平台共办理农村产权抵押登记 280 笔，实现农村产权抵押融资 1.3 亿元。

二是各地区可抵押产权差异很大。从抵押品种看，各个农村产权交易市场可抵押的产权主要是农村土地经营权、林权、农村集体建设用地使用权和宅基地使用权。成都农村产权交易所、重庆农村土地交易所、齐鲁农村产权交易中心可抵押的品种相对较多，有 4 种；成都农村产权交易所可抵押的产权品种有农村土地经营权、林权、农村房屋所有权、集体建设用地使用权；重庆农村土地交易所可抵押的品种有农村土地经营权、宅基地使用权、林权和集体建设用地使用权；北京、天津农村产权交易所至今还未开展农村产权抵押贷款业务。

三是各地区土地产权抵押融资规模存在差距。从抵押金额看，抵押融资金额最高的是重庆农村土地交易所，截至 2016 年 2 月底已突破 800 亿元；截至 2015 年 6 月底，成都市金融机构和小额贷款公司累计发放抵押融资金额 120.6 亿元；武汉农村综合产权交易所截止到 2015 年 9 月底抵押融资金额不到 23 亿元；齐鲁农村产权交易中心、江苏省农村产权交易信息服务平台的抵押融资金额较小，不到 2 亿元。

四是部分地区抵押金额相对较少。成都农村产权交易所交易金额为 453.93 亿元，但抵押金额只有 120.6 亿元；武汉农村综合产权交易所交易金额为 137.58亿元，抵押金额为 22.56 亿元；江苏省农村产权交易信息服务平台自 2014 年 10 月开通以来，已实现交易总额达到 31 亿元，抵押金额却仅有 1.5 亿元，抵押金额明显比交易金额少。在现行制度框架下，部分金融机构普遍缺乏参与农村产权抵押融资的动力，农村土地产权不完整，本身难以确定价值，也没有完善的土地资产评估和流转、交易平台，加上农村土地评估难、变现难等，交易成本很高。

尽管目前看来我国一些地区在探索通过农村产权抵押贷款来获取融资方面取得了一些成果，但要素实现自由流动，价值才能充分显现，农村集体土地流动还有诸多体制和政策限制。总体来说，目前各地农村产权流转交易市场累计农地抵押融资资金总量不多，仅有 1 272 亿元，产权交易市场可抵押的产权最多的也只有 4 种，主要是农村土地经营权、林权、农村集体建设用地使用权和宅基地使用权，截至 2014 年底抵押融资效果十分有限。

三、面临的主要问题

（一）土地权能不完整

一是土地承包地经营权的抵押权与出资权权能不清晰不彻底。土地承包经营权实现“三权”分置之后，承包权应不能抵押。经营权从承包经营权中单独分离出来，允许其抵押担保，那么经营权和地上物抵押还要分开。并且，经营权的权利是从承包经营权派生出来的权利，承包经营权不得担保抵押，经营权可以担保抵押，实际上是做大经营权，在实际操作的过程中会面临很大的问题。二是中央相关文件提出要赋予集体建设用地使用权抵押担保权能。明确集体建设用地的用益物权特性，在原有的占有、使用、收益权能基础上，赋予集体建设用地处分权，尤其是抵押权、担保权、作价出资等权能，但是并未以法律的形式确立下来。三是农民宅基地使用权也不完整，宅基地用益物权的权利内涵和实现形式也不明确。农民对宅基地拥有的排他的使用权、收益权、转让权、处分权、抵押权、担保权，甚至继承权都没有以法律形式确立下来。

（二）现行法律制度限制

《土地管理法》《物权法》《担保法》等关键法律法规，都对农村土地产权登记颁证、流转交易、使用范围等进行限制，不利于产权抵押和产权处置。

表 14－5　限制农村土地金融发展的法律法规

法律名称及颁布年份	限制条文及内容
《担保法》 1995 年	**第三十六条** 乡（镇）、村企业的土地使用权不得单独抵押。以乡（镇）、村企业的厂房等建筑物抵押的，其占用范围内的土地使用权同时抵押。
	第三十七条 耕地、宅基地、自留地、自留山等集体所有的土地使用权不得抵押，但本法第三十四条第（五）项、第三十六条第三款规定的除外。

续 表

法律名称及颁布年份	限制条文及内容
《国务院办公厅关于加强土地转让管理严禁炒卖土地的通知》1999年	**第二条** 农民集体土地使用权不得出让、转让或出租用于非农业建设；对符合规划并依法取得建设用地使用权的乡镇企业，因发生破产、兼并等致使土地使用权必须转移的，应当严格依法办理审批手续；
	第二条 农民的住宅不得向城市居民出售，也不得批准城市居民占用农民集体土地建住宅，有关部门不得为违法建造和购买的住宅发放土地使用证和房产证。
《国土资源部关于加强农村宅基地管理的意见》2004年	**（第四章　第十三条）** 严禁城镇居民在农村购置宅基地，严禁为城镇居民在农村购买和违法建造的住宅发放土地使用证。
《国务院关于深化改革严格土地管理的决定》2004年	**第二章　第十条** 加强农村宅基地管理，禁止城镇居民在农村购置宅基地。
《物权法》2007年	**第一百八十四条** 耕地、宅基地、自留地、自留山等集体所有的土地使用权不得抵押，但法律规定可以抵押的除外。
《国务院办公厅关于严格执行有关农村集体建设用地法律和政策的通知》2007年	**第二条** 农村住宅用地只能分配给本村村民，城镇居民不得到农村购买宅基地、农民住宅或“小产权房”
	第三条 严格控制农民集体所有建设用地使用权流转范围，农民集体所有的土地使用权不得出让、转让或者出租用于非农业建设。
《土地管理法》	**第六十三条** 农民集体所有的土地的使用权不得出让、转让或者出租用于非农业建设；但是，符合土地利用总体规划并依法取得建设用地的企业，因破产、兼并等情形致使土地使用权依法发生转移的除外。

人民银行2016年3月会同相关部委联合印发了《农民住房财产权抵押贷款试点暂行办法》，在推动住房抵押和农村宅基地使用权抵押方面迈出了一大步，对解决农村发展资金，提高农民财产性收入至关重要。但相关法律若没有调整，农民住房财产权也很难实现抵押。《土地管理法》第六十二条第一款规定农村村民一户只能拥有一处宅基地，《农民住房财产权抵押贷款试点暂行办法》

第四条规定借款人除用于抵押的农民住房外，应有其他长期稳定居住场所。既然是“一户一宅”，那么普通农民就很难再有其他长期稳定居住场所，难以实现抵押。《农民住房财产权抵押贷款试点暂行办法》第十二条规定贷款人应在保障农民基本居住权的前提下处置抵押物，但土地管理法第六十二条第四款规定，农村村民出卖、出租房屋后，再申请宅基地的，不予批准，那又如何保障农民基本居住权？政策法律条文存在矛盾和冲突，给地方实践带来很多困扰。并且，《农民住房财产权抵押贷款试点暂行办法》第十二条规定，变卖或拍卖抵押的农民住房，受让人范围原则上应限制在相关法律法规和国务院规定的范围内。事实上，我国现行政策文件对非成员资格者使用农村宅基地做了严格限制，不仅使得农民住房财产估值很低，也让农民住房的处置难以实现，更难以保障贷款人的权利。

（三）市场制度不健全

农村土地产权交易存在资产评估、交易信息发布、价格发现、组织产权交易、产权抵（质）押等至关重要而又十分复杂的环节。这个复杂的链式过程必须有严格的制度作为保证，否则链条中任何一环的故障都足以使得资本变成“死资本”。只有建立起农村产权流转交易市场，健全相关制度，才能为农村土地产权流动、抵押交易提供有力保障。从实践看，农村土地产权抵押担保包括资产评估、交易信息发布、价格发现、组织产权交易、签约、交付、执行、处置等多个环节。这个链条主要由市场机制来主导。在这个链条之外，需要严格的制度来保证链条的完整和顺畅。这些至关重要的制度，包括政策法律支撑、政策法律信息咨询、产权确权登记、资产评估、产权核实变更登记、产权抵押质押、产权处置、纠纷处理和仲裁等等都需要进一步完善。任何一个关键环节缺失，都可能制约农村土地金融发展。比如，目前我国对于农村土地定价还未形成一套规范的评估机制，各地对农村土地经营权的抵押价值尚未确定统一的评估标准，难以合理确定农村土地价值。缺乏农村土地流转服务机构，对于农村土地价值的评估尚无权威性的评估机构和具备专业资质的评估人员，现行的评估方式依靠贷款人的经验和评估人主观判断的可能性较大，使得评估结果不够科学，因此带来很大的风险。如果土地价值被低估，势必会损害农民的利益，从而降低农民向银行借款的积极性。

（四）缺乏配套政策支持

党的十八届三中全会《决定》提出赋予农民对承包地承包经营权抵押、担保权能”。《关于开展农村承包土地的经营权和农民住房财产权抵押贷款试点的指导意见》指出，要“切实满足农户等农业经营主体对金融服务的有效需求”。但在目前政策框架下，通过经营权抵押解决亿万普通农户的资金需求还需要更多的政策支持。我国普通农户土地规模有限、能够抵押贷款的金额很少，农户贷款流程却比较复杂、交易成本很高。从江苏省东海县实践看，仅仅贷款调查一个环节，就至少包括以下五个方面内容：农户种植养殖经营经历、生产场所、生产技术等；农民种植养殖产品的市场状况、是否适销对路、是否有固定销售渠道等；农民土地经营期限、各项费用支出、自有资金情况等；农民种植养殖设施及经营方式等；农户本次贷款的真实用途等。农民贷款交易成本很高，若贷款金额较小，银行就难以承受过高的成本。部分地区不得不对借款人最低经营规模进行限定，规定借款人作为自然人或者家庭农场主的，粮食种植面积应不低于 100 亩，经济作物面积不低于 30 亩，养殖面积不低于 10 亩，农业设施大棚不低于 2 个等。除非采取有力措施，加大配套政策支持力度，覆盖交易成本，否则我国小规模农户很难实现经营权抵押贷款。

四、政策建议

（一）推进确权赋能

推进农村产权流转交易，必须以十八届三中全会《决定》精神为指导，加快确权赋能，把关键权能赋予农村产权。一是确立经营权的抵押权与出资权权能。应尽快按“三权分置”的改革思路，明确经营权的出资、抵押担保权利。二是赋予集体建设用地使用权抵押担保权能。明确集体建设用地的用益物权特性，赋予集体建设用地处分权，尤其是抵押权、担保权、作价出资等权利。三是赋予农民宅基地完整使用权与住房财产权权能。明确宅基地用益物权的权利内涵和实现形式，明确农民对宅基地拥有排他的使用权、收益权、转让权、处分权、抵押权、担保权。有条件、有范围地放开农户流转，打破宅基地使用权的村社边界。

（二）推动法律的废改立释

一是部分过时的法律条文要及早废除。二是部分关键条文要进行修改，部分条文要重新解释。三是立法，推进《农村集体经济组织法》立法，解决集体经济组织成员进入及退出问题。四是释法。《物权法》应明确宅基地用益物权的权利内涵和实现形式，明确农民对宅基地拥有排他各项权利。

（三）积极发挥政府职能

农村土地金融发展过程中，亟待政府发挥作用的是保障纯公共服务，并培育中介机构、完善准公共服务。从两权抵押试点来看，市场刚刚发育，大量纯公共服务和准公共服务都需要由政府来承担。应进一步理顺政府和市场的关系，厘清纯公共服务与准公共服务的界限，在市场发育的不同时期，更好地发挥好政府的作用。政府的主要职能，一是推进确权颁证。部分地区农村土地产权确权困难、进展缓慢，农村集体建设用地使用权、房屋所有权等确权工作远未完成，也就难以开展抵押担保工作。二是明确农村土地产权处置办法。尽管部分地区明确了司法处置程序，但鉴于农村的实际情况，在真正实施过程中，很难通过拍卖、变卖等方式对农村集体土地产权进行合理处置。三是培育中介机构，完善准公共服务。市场逐步发育成熟，部分准公共服务，如信息咨询，价格评估，产权抵押质押，交易鉴证，产权登记、变更和注销等等因为有一定的盈利性，可由社会中介组织来承担。

（四）改善农村信用环境

农村土地金融发展需要良好的农村信用环境和社会氛围。长期以来，我国农村信用体系建设缺失，农村失信违约行为比较普遍，农村金融发展缺乏必要的条件和基础。从横向看，应从家庭基本信息、经济状况、经营状况和信用履约、贷款违约等方面加强对各个经营主体——农户、合作社、企业、家庭农场主的信息采集工作。从纵向看，应从经济状况、村民信用、贷款回收拖欠、不良贷款比例、有无非法集资等角度加强对村民小组、行政村、乡镇的信用评价工作。通过这些方式，建立起立体化、多维度、全覆盖的农村信用体系，完善守信激励和失信惩戒机制，有效改善农村信用环境。

参考文献

[1] 卜强. 农村土地承包经营权抵押模式的实践与政策建议. 甘肃金融，第 12 期，2015.
[2] 程郁，王宾. 农村土地金融的制度与模式研究. 中国发展出版社，2016.
[3] 郭继. 土地承包经营权抵押的实践困境与现实出路. 新视野，第 5 期，2010.
[4] 李玉辉，胡荣兴. 农村产权抵押瓶颈及解决路径研究. 西南金融，第 9 期，2013.
[5] 伍振军. 配套改革事关两权抵押试点成败. 农民日报，2016 年 04 月 01 日.
[6] 杨雪，王永聪. 当前我国农村土地金融研究述评. 农村金融，第 388 期，2013.
[7] 叶兴庆，张云华，伍振军. 农村产权流转交易市场：现状与问题. 中国农村金融，第 2 期，2015.

[8] 曾庆芬. 土地承包经营权流转新趋势下农地金融问题研究. 中国农业出版社,2012.
[9] 张洁. 宅基地抵押贷款模式. 调查研究,第 7 期,2015.
[10] 张龙耀,王梦珺. 农民土地承包经营权抵押融资改革分析. 农业经济问题,第 2 期,2015.

第十五章
农村“两权”抵押贷款试点分析报告[①]

2013年，党的十八届三中全会通过的《中共中央关于全面深化改革若干重大问题的决定》提出“赋予农民对承包地占有、使用、收益、流转及承包经营权抵押、担保权能”，以及“选择若干试点，慎重稳妥推进农民住房财产权抵押、担保、转让”。2014年中央一号文件重申赋予农民对承包地经营权抵押、担保权能，允许承包土地的经营权向金融机构抵押融资。提出“选择若干试点，慎重稳妥推进农民住房财产权抵押、担保、转让”。并要求“有关部门要抓紧提出具体试点方案，各地不得自行其是、抢跑越线。”2015年中央一号文件要求“做好承包土地的经营权和农民住房财产权抵押担保贷款试点工作”。

一、“两权”抵押贷款工作深入推进

贯彻落实中央相关文件精神，“两权”抵押贷款工作进展较快。2015年初，中央深改办将农村承包土地的经营权和农民住房财产权(以下简称“两权”)抵押贷款试点列为重点改革任务。2015年8月24日，人民银行会同中央农办、发展改革委等起草了《国务院关于开展农村承包土地的经营权和农民住房财产权抵押贷款试点的指导意见》，并由国务院以国发[2015]45号文印发。人民银行牵头成立试点工作指导小组，要求省级人民政府按照封闭运行、风险可控原则向推荐试点县(市、区)，经指导小组审定后开展试点。因为试点涉及突破《中华人民共和国物权法》第一百八十四条、《中华人民共和国担保法》第三十七条等相关法律条款，则由国务院按程序提请全国人大常委会授权，允许试点地区在试点期间暂停执行相关法律条款。

---

① 本章执笔：伍振军、张云华。

根据试点申报情况，工作指导小组审定了北京市大兴区等 232 个县(市、区)作为农村承包土地的经营权抵押贷款试点地区，天津市蓟县等 59 个县(市、区)作为农民住房财产权抵押贷款试点地区，两项改革共计 278 个县级地区(13 个地区重叠)，2015 年 12 月 27 日，全国人大对试点地区进行了法律授权，暂时调整实施《物权法》和《担保法》关于耕地、宅基地等集体所有土地使用权不得抵押的相关法律条款，至 2017 年 12 月 31 日前试行。2016 年 3 月 16 日，人民银行会同相关部委联合印发了《农民住房财产权抵押贷款试点暂行办法》(银发[2016]78 号)和《农村承包土地经营权抵押贷款试点暂行办法》(银发[2016]79 号)，对"两权"抵押试点范围、借款条件、借款用途、贷款利率和期限、价格评估、风险管理、抵押处置等关键问题进行规范并提出政策要求。各试点地区陆续出台"两权"抵押贷款试点实施办法，推动落实"两权"抵押贷款工作。

二、改革效果尚不明显

实际上，部分地区早就进行了"两权"抵押贷款的探索。前两年，浙江省、安徽省、湖南省、重庆市、江西省等地区陆续出台了农村"两权"抵押贷款实施办法，开始探索。部分市县区实践得更早。2012 年连云港东海县开始探索农村"两权"抵押贷款；2009 年宁波市江北区探索农村"两权"及集体资产股权抵押贷款；早在 1998 年，湖南省浏阳市就已经开展农房抵押贷款业务，并取得一定效果。十八届三中全会以来，各部门各地区努力深入推进"两权"抵押贷款工作，并取得了一定效果。根据人民银行统计数据，截止到 2016 年 3 月底，全国 232 个试点地区农村承包土地经营权抵押贷款余额 137.6 亿元，1～3 月新增 46 亿元；全国 59 个试点地区农民住房财产权抵押贷款余额 154.7 亿元，1～3 月新增 8.7 亿元。试点对于盘活农村资源资产，增强农村金融活力起到一定的作用，但相比于经金融机构每年高达 5 000 亿的资金净流出，通过"两权"抵押贷款试点流入农业农村的资金增长幅度很小，改革效果尚不明显。

从农村承包土地的经营权抵押贷款情况看，试点工作对贷款增长影响不大。据调研，截至 2016 年 3 月底，湖南省共 23 个县(市)发放了农村承包土地的经营权抵押贷款，余额 3 亿元，同比增长 52.5%；而 8 个试点县贷款余额 1.47亿元，同比只增长了 4.5%，远远低于全省的平均水平。其中岳阳县只增长了 1.5%，洞口县反而下降了 17.8%。截至 2016 年 4 月底，江苏省 36 个县(市、区)开展了农村承包土地的经营权抵押贷款业务，贷款余额 10.4 亿元，同比增长134%,而10个试点县贷款余额5.7亿元,只增长95%。

从农民住房财产权抵押贷款情况看,试点工作也未带来贷款快速增长。截至2016年3月底,湖南省共32个县(市)发放了农民住房财产权抵押贷款,余额47.2亿元,同比增长20.6%。其中,3个试点地区贷款余额17.7亿元,同比增长54.2%。但若除去浏阳市,其他两个试点县贷款余额不到2 000万元,其中耒阳只有49万元。截至2016年4月底,江苏省10个县(市、区)探索开展了农民住房财产权抵押贷款业务,贷款余额14.7亿元,同比增长4.9%。而3个试点县贷款余额4.6亿元,也只增长6.9%。其中常州市武进区累计仅发放2笔农民住房财产权抵押贷款,金额80万元。

三、突出问题

1. 金融机构仍然主要以信用等级作为放贷依据。

从调研看,尽管"两权"抵押起到一定作用,但金融机构还是以借款人信用等级为主要依据发放贷款。湖南省浏阳市农民住房财产权抵押贷款发展较好,截至2015年12月末,浏阳市农村商业银行累计办理农民住房财产权抵押贷款12万户次,发放贷款41.47亿元。截至2015年12月末,仍有农房抵押9 682笔,贷款余额8.57亿元,平均每笔8.85万元。据调研,浏阳市农村商业银行主要依靠农村信用评级授信制度开展贷款业务。浏阳市农村商业银行对农户信用评为四个等级:特级,授信额为10万元以内;优秀,授信额为6万元以内;良好,授信额为3万元以内;一般,授信额为1万元以内。浏阳市农户凭《农户贷款证》可在农村商业银行全行营业网点柜台办理无需任何担保,最高10万元的信用贷款。浏阳市开展农民住房财产权抵押贷款工作以来,不良贷款只有8 814.8万元,占比只有0.61%,没有一例处置农民住房的情况。

2. 农民住房财产权处置存在法律风险。

全国人大对试点地区进行了法律授权,暂时调整实施《物权法》和《担保法》关于耕地、宅基地等集体所有土地使用权不得抵押的相关法律条款。但暂停执行的法律条款也只是针对抵押权限的授权,解决了"可抵押"问题。但对于抵押物的处置仍然要依照《土地管理法》的相关规定,处置范围和合法性没有实质性的突破,没有解决"可处置"问题。《农民住房财产权抵押贷款试点暂行办法》第十二条规定,变卖或拍卖抵押的农民住房,受让人范围原则上应限制在相关法律法规和国务院规定的范围内。事实上,我国现行法律对非成员资格者使用农村宅基地做了严格限制,不仅使得农民住房财产估值很低,也让农民住房的处置难以实现，更难以保障贷款人的权利。浏阳市农村商业银行开展农民住房财产权抵押贷款工作以来，部分农户因多种原因，无力偿还贷款，农村商业银行又不能处置抵押房屋，不良贷款逐步沉淀，累计有 8 814.8 万元。不解决“可处置”问题，也就制约金融机构相关业务的开展。农村商业银行认为，将浏阳市纳入农民住房财产权抵押贷款试点范畴，试点实施意见中提到的农房处置等仍然不能实现，对实际工作促进并不大。

3. 经营权抵押贷款难以满足普通农户的金融需求。

《国务院关于开展农村承包土地的经营权和农民住房财产权抵押贷款试点的指导意见》指出，要“切实满足农户等农业经营主体对金融服务的有效需求”。但在目前政策框架下，通过农村承包土地的经营权抵押解决亿万普通农户的资金需求还需要更多的政策支持。我国普通农户土地规模有限、能够抵押贷款的金额很少，但抵押贷款流程却比较复杂、交易成本很高。从调研看，仅仅贷款调查一个环节，就至少包括农户种植养殖经营经历、生产场所、生产技术等；农民种植养殖产品的市场状况、是否适销对路、是否有固定销售渠道等；农民土地经营期限、各项费用支出、自有资金情况等；农民种植养殖设施及经营方式等；农户本次贷款的真实用途等五个方面内容。贷款金额小，交易成本高，银行难以承受。鉴于此，江苏省东海县不得不对借款人最低经营规模进行限定：规定借款人作为自然人或者家庭农场主的，粮食种植面积应不低于 100 亩，经济作物面积不低于 30 亩，养殖面积不低于 10 亩，农业设施大棚不低于 2 个等。除非采取有力措施，加大配套政策支持力度，覆盖交易成本，否则小规模农户很难实现经营权抵押贷款。实际上，发展较好的江苏省东海县 2015 年农村承包地经营权抵押贷款也仅有 318 笔，覆盖面也很窄。而湖南省 2016 年 1～3 月仅发放农村承包土地的经营权抵押贷款 18 笔，数量很少。

4. 经营权抵押和预期收益抵押的区别有待进一步厘清。

《农村承包土地的经营权抵押贷款试点暂行办法》第二条明确界定了经营权抵押贷款是以承包土地的经营权作抵押的贷款方式。但实际上，从经营大户、企业用流转经营权抵押贷款看，经营权对贷款金额、还款期限等并无参考作用，经营权抵押贷款的提法并不符合实际情况。第一，经营大户、企业流转土地，租金一年一付，能抵押的也就是一年的经营权，抵押金额会很低，不能成为贷款金额的参考。第二，在金融机构看来，经营大户支付土地流转租金之后，实际上是降低了经营大户的还款能力。东海县物权价值评估专家组就将租赁费用作为抵押价值总额的减项处理。从调研看，金融机构对经营大户、企业进行借款调查时，主要看借款人的经营产业、经营规模、产品市场需求等情况。可见，经营大户抵押的不是经营权，而是基于经营权的预期收益。江苏省东海县汇祥食品有限公司从清湖镇西五河村委会流转土地605亩用于果树种植，流转价格为650元/亩，期限为12年，租金一年一付。经东海县农村综合物权价值评估专家组的评估，土地经营权租金每年总价42.25万元，是企业需要支付出去的款项，作为减项处理；苗木估计830元/亩，总价53.95万元；5年后果树进入盛果期，预期收入为4 500元/亩，总价292.5万元；预期收入加上苗木价值，减去土地流转租金，计算得抵押物总价值为304.2万元，主要通过预期收入抵押贷款100万元。

四、对策建议

“两权”抵押试点只是暴露出我国农村金融存在的一部分问题，更多的问题则体现在整个农村金融体系、法律政策体系等方面。构建适合我国的农村金融体系，则不光是要针对这些暴露出的问题提出对策，而且要从构建新型农村金融体系，健全法律法规政策支撑，改善农村信用环境，更好地发挥政策作用等方面入手，理顺当前农村金融发展思路，提出合适的政策建议。

1. 构建差别化农村金融政策体系。

一是健全农村商业金融政策体系。商业银行有逐利性，要吸引商业银行进入农村，根本上还是要依靠农业产业的发展。农业产业发展得好，产值高、效益好，商业银行有利润可赚，才愿意进入农村，满足经营主体的金融需求。应推动商业金融机构加大对蔬菜、水果、水产、畜牧等高产值高效益农业产业的支持，支持这些农业产业经营主体主要通过抵押等方式获得贷款。二是加强政策性金融体系建设。部分特殊性、基础性农业产业，比如粮食产业，产值不高、效益一般，但关系到国家粮食安全，关系到国计民生，也需要金融支持。但商业银行不愿意涉足这些产业，或者说是不敢参与，就需要通过建立政策性金融机构，通过财政贴息、融资担保等方式满足经营主体的金融需求。三是完善小微金融体系建设。大多数普通农户贷款金额少，缺乏抵押物或者抵押物价值很低，交易成本又很高，商业性、政策性金融机构都难以解决，就只能通过发展农村村镇银行、农村合作社内部资金互助等草根金融解决。

2. 改善农村信用环境。

“两权”抵押贷款还需要良好的农村信用环境和社会氛围作为支撑。长期以来，我国农村信用体系建设缺失，农村失信违约行为比较普遍，农村金融发展缺乏必要的条件和基础。从横向看，应从家庭基本信息、经济状况、经营状况和信用履约、贷款违约等方面加强对各个经营主体：农户、合作社、企业、家庭农场主的信息采集工作。从纵向看，应从经济状况、村民信用、贷款回收拖欠、不良贷款比例、有无非法集资等角度加强对村民小组、行政村、乡镇的信用评价工作。从而建立起立体化、多维度、全覆盖的农村信用评价体系，完善守信激励和失信惩戒机制，有效改善农村信用环境。

3. *更好地发挥政府作用*。从实践看，农村"两权"抵押贷款的实现是由多个关键环节组成的链条，这个链条主要应由市场机制来主导，而保障链条完整和顺畅的至关重要的制度则由政府来提供。但从"两权"抵押贷款试点来看，市场刚刚发育的初期，大量纯公共服务和准公共服务都需要由政府来承担，比如江苏省东海县就是由人民银行东海县支行行长牵头，会同县农工办、县林业局、县海洋渔业局等部门主要负责人，联合组建东海县农村综合物权价值评估专家组，以解决抵押物价格评估问题。只有等到市场发育成熟，部分准公共服务，如信息咨询，价格评估，产权抵押质押，交易签证，产权登记、变更和注销等等因为有一定的盈利性，才可由社会中介组织来承担。而确权登记颁证、政策法律支撑、纠纷处理和仲裁等纯公共服务，属于核心制度保障，则仍然由政府承担。"两权"抵押贷款试点地区应进一步理顺政府和市场的关系，厘清纯公共服务与准公共服务的界限，在市场发育不同时期，更好地发挥好政府的作用。

4. *推动法律废改立释*。

一是废除一部分法律，《村镇建房用地管理条例》等过时的法规要及早废除。二是修改一部分法律，《土地管理法》等关键法律条文要进行修改。三是释法，《土地管理法》中的"农民集体所有的土地的使用权"等条文要重新解释，《物权法》应明确宅基地用益物权的权利内涵和实现形式，明确农民对宅基地拥有排他各项权利。四是立法，推动《农村集体经济组织法》立法，解决集体经济组织成员进入及退出问题。

表 15－1　法律法规废改表

法律名称及颁布年份	限制条文及内容	建议举措
《土地管理法》	**第六十三条** 农民集体所有的土地的使用权不得出让、转让或者出租用于非农业建设；但是，符合土地利用总体规划并依法取得建设用地的企业，因破产、兼并等情形致使土地使用权依法发生转移的除外。	修改内容： 农民集体所有的土地经营权和集体建设用地使用权可以出让、转让、出资、担保、抵押。

续 表

法律名称及颁布年份	限制条文及内容	建议举措
	第四十三条 任何单位和个人进行建设，需要使用土地的，必须依法申请使用国有土地；但是，兴办乡镇企和村民建设住宅经依法批准使用本集体经济组织农民集体所有的土地的，或者乡(镇)村公共设施和公益事业建设经依法批准使用农民集体所有的土地的除外。	修改内容： 符合土地利用总体规划和用途限制的前提下，农村集体建设用地不仅可以用于租赁住房建设，经批准可以改变土地用途，可以出让、转让、担保、抵押。
《确定土地所有权和使用权的若干规定》 1995 年	**第四十八条** 非农业户口居民(含华侨)原在农村的宅基地，房屋产权没有变化的，可依法确定其集体土地建设用地使用权。房屋拆除后没有批准重建的，土地使用权由集体收回。	修改内容： 房屋拆除后没有批准重建的，土地使用权归属不变。
《担保法》	**第三十六条** 乡(镇)、村企业的土地使用权不得单独抵押。以乡(镇)、村企业的厂房等建筑物抵押的，其占用范围内的土地使用权同时抵押。	修改内容： 乡(镇)、村企业的土地使用权可以单独抵押。
	第三十七条 耕地、宅基地、自留地、自留山等集体所有的土地使用权不得抵押，但本法第三十四条第(五)项、第三十六条第三款规定的除外。	修改内容： 农村承包土地经营权及其地上物、宅基地使用权及农民房屋、自留地、自留山等集体所有的土地使用权及地上物等可以抵押。
《国务院办公厅关于加强土地转让管理严禁炒卖土地的通知》 1999 年	**第二条** 农民集体土地使用权不得出让、转让或出租用于非农业建设；对符合规划并依法取得建设用地使用权的乡镇企业，因发生破产、兼并等致使土地使用权必须转移的，应当严格依法办理审批手续；	废除
	第二条 农民的住宅不得向城市居民出售，也不得批准城市居民占用农民集体土地建住宅，有关部门不得为违法建造和购买的住宅发放土地使用证和房产证。	废除
《国土资源部关于加强农村宅基地管理的意见》 2004 年	**第四章　第十三条** 严禁城镇居民在农村购置宅基地，严禁为城镇居民在农村购买和违法建造的住宅发放土地使用证。	修改内容： 本县级(县级市)范围内城镇居民可在在农村购置宅基地，可为城镇居民在农村购买和违法建造的住宅发放土地使用证。长期看，此条可废除。

续 表

法律名称及颁布年份	限制条文及内容	建议举措
《国务院关于深化改革严格土地管理的决定》2004 年	**第二章　第十条** 加强农村宅基地管理，禁止城镇居民在农村购置宅基地。	修改内容： 本县级（县级市）范围内城镇居民可在在农村购置宅基地。长期看，此条可废除。
《物权法》2007 年	**第一百八十四条** 耕地、宅基地、自留地、自留山等集体所有的土地使用权不得抵押，但法律规定可以抵押的除外。	修改内容： 耕地、宅基地、自留地、自留山等集体所有的土地使用权可以抵押。
《国务院办公厅关于严格执行有关农村集体建设用地法律和政策的通知》2007 年	**第二条** 农村住宅用地只能分配给本村村民，城镇居民不得到农村购买宅基地、农民住宅或“小产权房”	修改内容： 农村住宅用地只能分配给本村集体经济组织成员。取得成员资格的本县级（县级市）范围内城镇居民可在农村购置宅基地。
	第三条 严格控制农民集体所有建设用地使用权流转范围，农民集体所有的土地使用权不得出让、转让或者出租用于非农业建设。	修改内容： 农民集体所有的土地使用权可以出让、转让或者出租，符合规划和用途管制的前提下，经批准可以用于非农业建设。
《农村土地承包法》2003 年	**第四十九条** 通过招标、拍卖、公开协商等方式承包农村土地，经依法登记取得土地承包经营权证或者林权证等证书的，其土地承包经营权可以依法采取转让、出租、入股、抵押或者其他方式流转。	修改内容： 通过招标、拍卖、公开协商等方式承包农村土地，经依法登记取得土地经营权证或者林权证等证书的，其土地经营权可以依法采取转让、出租、入股、抵押或者其他方式流转。土地经营权及地上物可以一并抵押。

附录
台湾区段征收制度调研报告

台湾区段征收制度在低成本推进城市化、节省政府投入、保障农民土地财产权、缓解社会矛盾等方面发挥了重要作用。为了解台湾区段征收的做法、成效和问题，2012 年 7 月中旬，笔者深入台湾新北、高雄、新竹、南投、嘉义等市(县)，与台湾"内政部"地政局、高雄市地政局、"行政院"农委会、新竹农委会等相关部门负责人进行座谈，与新北、高雄、基隆等县市的参议、参事，台北大学学者进行了讨论，对进行过或正在进行区段征收区域内的农民与基层官员进行访谈，实地走访了台北港、台中高铁、新竹科学园区、嘉义县医疗专用区等典型区段征收案例，获得了第一手的资料，现将情况报告如下。

一、台湾区段征收制度的起源与现状

(一) 台湾区段征收制度的内涵与适用范围

台湾地区所谓的区段征收制度，就是地方政府为了低成本推进城市化，政府实施的强制性、自偿性土地征收办法。具体说来，就是根据当地都市发展计划，把一定范围内的土地一次全部予以征收，重新加以规划、整理。其中，40%～50%的土地发还给土地所有权人；政府取得 50%～60%的土地，其中用于公共设施建设的土地约占 35%～40%，剩余 15%～20%的土地则被政府公开标售或出租，其收入用来支付土地开发成本与公共设施建设的费用。其与一般土地征收的区别在于，一般征收只针对兴办公用事业所必须的土地，是纯公益目的，其开发建设资金主要来自政府财政，而区段征收是为区域的开发、建设等特殊目的，而区段内进行公共设施建设所需的资金，还可以用加征建筑费的方式分摊在出售土地上。

台湾地区依照本地区《平均地权条例》第53条、《土地征收条例》第4条规定，有下列情形的，可以进行区段征收：(1)新设都市地区之全部或一部，实施开发建设者；(2)旧都市地区为公共安全、卫生、交通之需要或促进土地之合理使用实施更新者；(3)都市土地之农业区、保护区变更为建筑用地或工业区变更为住宅区、商业区者；(4)非都市土地实施开发建设者；(5)农村社区为加强公共设施、改善公共卫生之需要或配合农业发展之规划实施更新者。从调研来看，实施区段征收的主要是都市土地中农业区、保护区变更为建筑用地或工业区变更为住宅区、商业区的土地。

二、台湾区段征收制度演变过程

(一) 台湾区段征收制度动因

区段征收制度的动因主要是两个方面。一方面是快速城市化发展对土地的巨大需求。从1981年至2008年，台湾城市人口从1 261.7万增长到1 836.8万人，人口增长575.1万人，增长45.6%，快速城市化对土地的需求越来越大。另一方面，通过一般征收获得土地越来越难。台湾法律规定，一般征收只适用于公共事业，是纯公益性。首先，一般征收对土地所有权人的补偿只限于现金，一般补偿水平较低，土地所有权人反抗激烈，不愿参与；其次，一般征收之后，政府要承担公共事业设施建设，财政开支巨大，政府负担沉重。

在这个大背景下，台湾的区段征收制度得以产生，并在实践中逐步完善。区段征收制度首先通过返还土地所有权人部分开发后、地价提高了的土地，土地所有权人买回或申领抵价地面积虽然有所减少，但因土地价值增加而增加了财富，土地所有权人积极性得以提高；其次，通过土地规划、整理后，政府可以无偿取得区段征收区域的公共建设用地，解决土地问题。再次，政府把剩余建设用地公开标售或出租，获得较高收入，解决政府财政负担问题。

(二) 三个阶段

台湾区段征收制度从产生，到逐步完善，大体上经历了三个阶段。

1. 低水平补偿、缓慢推进阶段。

1954年台湾地区制定了《实施都市平均地权条例》，提出政府可以根据都市建设发展的需要，实施区段征收制度。该制度规定，政府根据规划，对土地整理开发之后，分宗出售，土地所有权人最高只能优先购买90坪(1坪≈3.3平方米)的面积。土地所有权人土地面积大幅度减少,地价补偿以公告现值(低于市价)为标准,补偿水平很低,据计算,土地所有权人以公告土地现值(现金)获得的土地补偿,只能够买4%左右的熟地。土地所有权人缺乏积极性,部分地区民众反抗激烈,制度难以推行。尽管在1977年,台湾地区"内政部"对《实施都市平均地权条例》进行修订,把土地所有权人最高优先购买的土地面积提高到300坪。但还是没有从本质上改变土地所有权人土地面积大幅度减少,补偿水平不高的状况,该制度推行困难。

2. 提高抵价地比例,快速发展阶段。

1982年,台湾新竹县因为市县分治,县政府移设竹北地区,需要用区段征收方式取得政府机关用地。该县政府根据1977年《实施都市平均地权条例》修订条例的"优先买回"的规定,通过县政府与区段征收地区内土地所有权人的几番谈判沟通,把土地所有权人优先购回的土地面积比例从33%提高到37%,进而提高到40%。土地开发取得较好成效,并成为各地仿效的对象。以此为依据,台湾地区《土地征收条例》规定,抵价地的比例为40%到50%,不得低于40%。该制度实施以后,台湾区段征收面积大幅度提高,高雄市在1982—1991年,区段征收只有2例,办理面积不到200公顷,而在1992—2001年,区段征收达到15例,办理面积超过了1 200公顷,面积提高6倍多。

3. 完善和规范阶段。

抵价地的比例提高并设置下限之后,台湾地区在20世纪80年代中后期出现了房地产狂潮,土地投机盛行。台湾地方政府在1988年修订公布《都市计划法》,提出凡都市计划扩大,农业区、保护区变更为住宅、商业区,应办理区段征收,以遏制土地投机状况。之后,于2000年台湾政府对平均地权条例第55条,以及同年的土地征收条例进行修订,删除了领取现金补偿者得再申请优先购买土地的规定,鼓励土地所有权人直接选择领回抵价地,减少政府筹集资金的困难,并进一步增加了土地所有权人领取土地比例的弹性条款。并规定地方政府除了可以把剩余建设用地公开标售之外,还可以采取出租的方式,以符合市场的需求。

三、台湾区段征收制度的启示与借鉴

(一) 解决了快速城市化过程中的土地与政府财政支出问题

首先是解决了城市化发展土地需求的问题。根据台湾"内政部"数据,自2001年至2011年,台湾地区通过区段征收办理的土地面积高达61 514.5公顷，基本解决土地需求问题。并且，区段征收比一般征收效果更好，自 2001 年至 2011 年，通过一般征收办理的面积只有 10 886.7 公顷，只有区段征收的 17.7%。其次，解决了政府推进城市化所面临的财政支出问题。地方政府在推进城市化，建设公共设施的过程中，若采取一般征收，需要巨大投入。区段征收规定，政府无偿取得一定比例的土地，不仅解决了道路、沟渠、公园、绿地、儿童乐场、广场、停车场、体育场所、国民学校等公共设施用地问题(通常为 50%)，并且通过拍卖和出租建设用地(通常是 10%)，取得收入，也解决了土地开发和公共设施建设的投入问题。比如，嘉义县为解决民众高水准医疗服务的迫切需要，计划在县政府所在地周边规划建设医疗专用区，嘉义县扩大县治第一期发展区占地 215 公顷，其中土地所有权人领回 40%的土地，县政府取得医疗专用区及所有公共设施用地，以专用区土地出售所得抵付开发总费用。其中医疗专用区占地 80 公顷，包含综合医院、护理、安养中心、护理学校等必要的相关附属设施。再如，台湾高铁 5 个车站特定区区段征收由台湾“内政部”主办，包括桃园站、新竹站、台中站、嘉义站、台南站。采取点线结合的方式：高铁线路，采取一般征收办法，获取铁路线建设用地；高铁站点，采取区段征收办法，获取高铁车站建设用地，并促进当地经济发展。台湾高铁建设过程中，对桃园等 5 个车站特定区实行区段征收，取得公共设施用地 669.8 公顷，提供可建设用地 714.8 公顷，节省政府建设经费 493.3 亿元新台币，极大地减少了地方政府的负担。又如，2012 年 7 月，新北市政府以打造“北台湾海陆空黄金三角”为发展目标，充分发挥海陆空三重联运功能，打造北台湾与国际接轨门户，以深化北台湾发展潜力为目标，主导台北港区段征收开发，建设北台湾交通网络，完善地方公共设施。台北港城总面积超过 135.46 公顷，包括现代生活区、国际贸易产业区和娱乐专用区。开发总经费约 123 亿新台币，区内土地所有权人 1 330 人，建筑物 1 230 间，预计 2013 年底完成开发。届时将无偿获得公共设施用地 68.93 公顷，节省政府征购土地及建设经费 87 亿元新台币，并取得可建筑用地 66.43 公顷。台北港区段征收案例于 2012 年启动，于 2013 年全面完成区段征收。除此之外，新北市陆续办理的“中和华中桥西侧区段征收”等 8 个整体开发案例，陆续开发面积已经高达 313.57 公顷。

(二) 发还抵价地，有效保护农民土地权益

从调研来看，实施区段征收的主要是都市土地中农业区、保护区变更为建筑用地或工业区变更为住宅区、商业区的土地。土地从原来的农用地变更为建设用地，土地大幅度升值。台湾在区段征收早期，农民只能按照远低于市场价格的公告地价领回现金补偿，或者只能回购比例较低的土地。经过几十年的改

革完善，台湾现行的区段征收制度中，农民可以市场价格获得补偿，或者领回40%的抵价地。这40%的比例是地处偏僻的竹北县的农民和县政府、县议会和县政府反复博弈的结果，能够较好地保障农民土地权益。

当前，台湾地区土地经区段征收后，占土地所有权人原有土地的40%～50%比例的抵价地交还原土地所有权人。土地所有权人所有的土地面积减少为40%～50%，但是该区域通过开发、整理和公共设施完善，地价通常提高3倍以上，部分地区地价提高10%～20倍，土地所有权人财富大幅度提高，其积极性很高。嘉义县县治新社区第一期发展区段征收前，土地平均公告现值只有200元新台币/平方米，区段征收后，土地平均出售价格达到33 846元新台币/平方米，平均地价上涨169倍，第二期上涨9.3倍，嘉义县扩大县治第一期也上涨10.56倍。调研组在竹北县访谈了一个参与区段征收的黄姓农户，该农户按照领回40%抵价地的方式，共领回30坪(约100平方米)抵价地，盖了3层楼房，现在地价达到了30万新台币/坪，比区段征收之前提高10倍以上，感到非常满意。

我国农村集体土地缺乏一个市场价格，低价征地导致的群体性事件时有发生。让农民领回固定比例抵价地，确保农民在征地过程中的最低收益，能够有效保护农民土地财产权，让农民共享城镇化发展成果，减少社会矛盾。这个思路值得参考。

(三) 不断提高补偿标准，妥善安置农民

台湾地区区段征收补偿制度改革发展，从补偿标准来说，经历了以公告现值(低于市价)为标准到以市价为标准的变化；从补偿方式来说，经历了从纯现金补偿到可以选择现金补偿或抵价地补偿的变化；优先买回原有土地则经历了最高买回三公亩(300平米)到按照土地价值买回的变化，对土地的补偿不断提高。并且，台湾地区土地征收的补偿对象不仅包括土地价格，还包括土地的地上物，如改良费用的补偿、经营损失的补偿、迁移费用的补偿。对于拆迁区域内低收入户，制定安置计划，采取住宅安置、购买住宅利息补贴、租金补助等多种补偿措施，妥善安置拆迁户。

(四) 尊重农民意愿，从源头上减少社会矛盾

一是程序透明，农民参与度高。1985年8月至1990年5月期间，台湾竹北县为解决县政府机关用地问题，实施区段征收。该案例涉及118.7公顷土地，是地方政府首次以区段征收取得政府机关建设用地，也是首次以发还抵价地形式给予土地所有权人补偿的案例。该县在区段征收过程中，多次召开土地

所有权人说明会、沟通会和听证会，让农民了解开发成本和收益，明确开发愿景。通过反复协商，把土地所有权人的领回抵价地的比例从33%提高到37%，最后在地方议会的参与下，把抵价地的比例从33%提高到40%，土地所有权人比较满意，也积极参与区段征收。新北市地政局介绍，区段征收过程中，政府推进的说明会、沟通会比较多，并采取“小蜜蜂”服务、驻站服务等方式加强和土地所有权人的沟通。近几年在该地区钉子户较少，并且主要是操作程序面上出现的问题。最为常见的抗争手段是拉布条、打标语、游行，少有过激的抗争方式。2003年出现的钉子户，主要因为该农民要求保留0.4公顷农用地，最后地方政府采取“农用地留用”政策，解决这个问题。2008年只有一户钉子户，主要是拆迁该农民建设的违章建筑。

二是遵从农民意愿，划设农业专用区。2010年6月9日台湾苗栗县大埔事件的主要原因是，苗栗县政府采取区段征收方式扩大新竹科学园区竹南基地，区段征收内的一个农户在抵价地申请期间没有及时去申请，而根据区段征收条例，这视为放弃申请，该农户转而要求保留自己所有的农用地，拒绝参与区段征收。县长刘政鸿面对农民态度强硬，地方政府采取强制征收大埔农地，动用警力封路毁田，随后苗栗竹南大埔自救会、苗栗后龙湾宝自救会、彰化二林相思寮自救会、竹东二重埔自救会、台湾农村阵线等多个团体介入，大埔自救会成员朱冯敏不满政府强征农地，喝农药自杀身亡，事件影响很大。最后在台湾“行政院”介入下，保留了该农户农用地，而区段征收也得以进行。为保障区段征收范围内有继续耕作意愿的土地所有权人的权益，台湾部分地区对区段征收办法进行调整，在区内划设农业专用区，建设好相应的水利排灌基础设施，配售给土地所有权人。

三是保留原有建筑，实行“开天窗”制度。在区段征收过程中，对于原有的建筑物比较新，土地所有权人要求原位置保留建筑物的，台湾地方政府采取“开天窗”的办法，允许土地所有权人保留建筑物，并给予相应的基础设施配套，并缴纳扣除抵价地之外的土地价格，作为对土地增值的补偿。

（五）要防止征地规模过大，土地过度消耗问题

台湾地区区段征收面积不断扩大，已经成为台湾城市化发展的主要方式。同时，台湾地区也存在征地规模过大，土地过度消耗问题。自1981年至2008年，台湾都市计划面积从3 081.5平方公里增长到4 699.9平方公里，增长52.5%，而同期，实际都市人口只增长45.6%。城市土地面积增长速率高于城市人口增长速率。根据台湾学者在不同时期的测算，1991年，台湾过度消耗的土地面积达578.4平方公里，2001年达到706.6平方公里。

(六) 要防止农地非农化,耕地大量流失问题

台湾区段征收区域主要是都市农业区、保护区变更为建筑用地或工业区变更为住宅区、商业区的土地。由于台湾缺乏专门的农地保护制度,加上区段征收规划审批宽松,导致农地大量流失。2009 年,台湾台南科学园区周边都市计划占用土地 3 283 公顷,台中科学园区占用 3 100 公顷,二林科学园区占用 1 400 公顷,高铁特定区计划占用 2 616.1 公顷,农地流失非常严重。台湾的耕地总体呈递减的趋势。根据台湾农委会《农业统计年报》数据,台湾的耕地在 1977 年达到高峰的 92.3 万公顷,1990 年底台湾耕地面积下降到 89 万公顷,而到了 2010 年台湾的耕地面积下降到 81.3 万公顷,而实际法定编定的耕地面积只有 76 万公顷,比 1977 年下降了 17.7%。而从粮食种植面积看,水稻是台湾最重要的粮食作物,其种植面积大幅度下降,水稻种植面积在 1984 年跌破 60 万公顷,1988 年跌破 50 万公顷,1992 年跌破 40 万公顷,2003 年跌破 30 万公顷,2010 年其耕种面积只有 24 万公顷。台湾的区段征收制度后期也存在滥用,比如高雄的农地保护问题就很突出。因此,在采用区段征收的过程中,必须有一套相应农田保护、区域规划制度作为保障。